[운항승무원 채용 대비]

티웨이 항공

인적성검사

www.goseowon.co.kr

Preface

우리나라 기업들은 1960년대 이후 현재까지 비약적인 발전을 이루었다. 이렇게 급속한 성장을 이룰 수 있었던 배경에는 우리나라 국민들의 근면성 및 도전정신이 있었다. 그러나 빠르게 변화하는 세계 경제의 환경에 적응하기 위해서는 근면성과 도전정신 이외에 또 다른 성장 요인이 필요하다.

한국기업들이 지속가능한 성장을 하기 위해서는 혁신적인 제품 및 서비스 개발, 선도 기술을 위한 R&D, 새로운 비즈니스 모델 개발, 효율적인 기업의 합병·인수, 신사업 진출 및 새로운 시장 개발 등 다양한 대안을 구축해 볼 수 있다. 하지만, 이러한 대안들 역시 훌륭한 인적자원을 바탕으로 할 때에 가능하다. 최근으로 올수록 기업체들은 자신의 기업에 적합한 인재를 선발하기 위해 기존의 학벌 위주의 채용을 탈피하고 기업 고유의 인·적성검사 제도를 도입하고 있는 추세이다.

티웨이항공에서도 업무에 필요한 역량 및 책임감과 적응력 등을 구비한 인재를 선발하기 위하여 인적성검사를 치르고 있다. 본서는 티웨이항공 채용대비를 위한 필독서로 티웨이항공 인적성검사의 출제경향을 철저히 분석하여 응시자들이 보다 쉽게 시험유형을 파악하고 효율적으로 대비할 수 있도록 구성하였다.

신념을 가지고 도전하는 사람은 반드시 그 꿈을 이룰 수 있습니다. 처음에 품은 신념과 열정이 취업 성공의 그 날까지 빛바래지 않도록 서원각이 수험생 여러분을 응원합니다.

Structure

출제예상문제

각 영역별 다양한 유형의 출제예상문제를 다수 수록하여 실전에 완벽하게 대비할 수 있습니다.

인성검사 및 면접

성공취업을 위한 인성검사와 면접기출을 수록하여 취업의 마무리까지 깔끔하게 책임집니다.

Contents

PART I   **티웨이항공 소개**

01. 기업소개 및 채용안내 ·· 8
02. 관련기사 ··· 11

PART II   **출제예상문제**

01. 언어이해력 ·· 16
02. 언어추리력 ·· 36
03. 응용수리력 ·· 62
04. 수추리력 ··· 84
05. 자료해석력 ··· 104
06. 공간지각력 ··· 124

PART III   **인성검사**

01. 인성검사의 개요 ··· 150
02. 실전 인성검사 ·· 172

PART IV   **면접**

01. 면접의 기본 ··· 188
02. 면접기출 ··· 204

티웨이항공 소개

티웨이항공의 기업 및 채용 정보를 수록하여 서류와 면접에
대비할 수 있도록 하였습니다.

티웨이항공 소개

01. 기업소개 및 채용안내
02. 관련기사

01 기업소개 및 채용안내
CHAPTER

1 티웨이항공 소개

(1) 경영이념

① 경영이념 … 함께하는 우리들의 항공사

② 실행목표
　㉠ 첫째도 안전, 둘째도 안전
　㉡ 가족같이 편안한 서비스
　㉢ 화합하고 배려하는 기업문화

③ 슬로건 … Happy T'way it's yours

(2) 연혁

연도	주요 발자취
2010년	• ㈜티웨이항공 설립(항공기 2대) • 국내항공운송사업 운항증명 획득(Air Operator's Cerificate) • B737-800 항공기 김포-제주 운항 개시
2011년	• 3, 4번기 도입(B737-800) • 국제항공운송사업 운항증명 획득(Air Operator's Certificate) • 인천-방콕, 인천-후쿠오카 국제선 정기편 취항
2012년	• 5번기 도입(B737-800) • 김포-타이베이 국제선 정기편 취항 • 화물 사업면허 취득
2013년	• 6번기 도입(B737-800) • 인천-방콕 화물운송사업개시(인천-방콕 왕복 구간) • 인천-삿포로, 인천-사가 국제선 정기편 취항
2014년	• 7, 8, 9번기 도입(B737-800) • 대구-제주, 무안-제주 국내선 정기편 취항 • 인천-지난, 인천-오이타, 인천-하이커우, 제주-난닝, 인천-오키나와 국제선 정기편 취항

2015년	• 10, 11번기 도입(B737-800) • 대구-상해, 대구-오사카, 인천-오사카, 인천-비엔티안, 무안-톈진, 인천-인 찬, 인천-괌, 대구-괌(오사카 경유), 인천-마카오 국제선 정기편 취항 • 인천-오사카 화물운송사업개시

2 운항승무(부기장) 채용안내

(1) 응시자격 및 우대사항

① 공통사항
   ㉠ 전문대졸 이상, 전공무관
   ㉡ 기 졸업자 및 2017년 2월 졸업예정자
   ㉢ 해당분야 관련자격증 소지자 우대
   ㉣ 외국어 능력 우수자 우대
   ㉤ 취업보호대상자 및 장애인은 관련법에 의거 우대
   ㉥ 남자의 경우 병역필 또는 면제자
   ㉦ 해외여행에 결격사유가 없는 자
   ㉧ 신체검사 기준에 결격사유가 없는 자

② 운항승무 응시자격 및 우대사항
   ㉠ 운항승무 응시자격
   • 운송용조종사(육상다발) 또는 사업용조종사(육상다발) 자격증명 소지자(단, 사업용조종사 자격증명 소지자는 계기비행 한정 소지자)
   • 총 비행시간 250시간 이상인 자
   • 항공영어구술능력 4급 이상 소지자(유효기간 6개월 이상)
   • 한국 항공무선통신사 자격증 소지자
   • 항공신체검사증명 1급 소지자
   ㉡ 우대사항
   • B737 형식 한정자격 소지자 우대
   • TOEIC 800점 이상 취득자 우대(2014년 12월 이후 국내 정기시험 취득 조건)

(2) 전형안내

① **전형절차** … 서류전형 → 필기전형 → 실기전형 → 인적성검사 → 1차 면접 → 2차 면접 → 최종합격

② **서류전형 자기소개서 항목의 예시**
  ㉠ 성격의 장단점 및 생활신조는 무엇입니까? (500자 이내)
  ㉡ 당사에 지원하려는 이유는 무엇입니까? (500자 이내)
  ㉢ 본인이 운항승무원으로 적임자라고 생각하는 근거는 무엇입니까? (500자 이내)
  ㉣ 귀하의 궁극적인 직업목표 및 직업관은 어떻게 됩니까? (500자 이내)

③ **필기전형** … 2015년 운항승무원 필기시험이 단답형과 서술형으로 출제된 것에 반해 2016년 운항승무원 필기시험은 객관식으로 40문항이 출제되었다. 주로 계기비행에 관련된 문제로, 시험 유형 변화에 대비하여 다양하게 준비하는 것이 필요하다.

④ **인적성검사** … 직무능력평가와 인성검사로 구성된다.

⑤ **면접** … 실무진 면접인 1차 면접과 임원진 면접인 2차 면접으로 이루어진다.

02 관련기사

티웨이항공, 대구-세부 본격 취항 시작

대구에서만 9개 노선 띄운다

티웨이항공이 2016년 12월 15일 대구에서 출발하는 세부 노선의 본격적인 운항을 시작했다. 휴양지로 유명한 필리핀 세부 지역에 대구에서 출발하는 직항 노선을 취항한 것은 국적 항공사 중 티웨이항공이 유일하다. 대구-세부 노선은 주 5회(월, 수, 목, 금, 일)운항하며, 비행시간은 4시간 30분 정도 소요된다.

티웨이항공은 지난 5월 5일 대구-타이베이 노선의 취항을 시작으로 올해 대구에서만 총 5개 노선(대구-타이베이, 대구-후쿠오카, 대구-도쿄, 대구-홍콩, 대구-세부)을 신규 취항했다. 티웨이항공이 올해 신규 취항한 총 11개 노선 중 절반을 차지하는 셈이다.

이로써 티웨이항공은 대구에서 총 9개(홍콩, 세부, 도쿄, 후쿠오카, 타이베이, 상하이, 오사카, 괌, 제주)노선을 오가며, 명실상부한 대구 지역의 리딩 캐리어(leading carrier)로 자리잡았다.

실제로 지난달 국제선 기준 대구국제공항에서 티웨이항공의 운항 편수는 286회로 전체의 60%를 차지할 만큼 비중이 높았다.

대구에서 여행사를 운영하는 김용혁 예스세계여행 대표는 "해외 여행을 하려면 보통 김해공항이나 인천공항까지 가야 했는데, 티웨이항공이 노선을 늘리면서 여행의 기회는 늘고 불편함은 줄었다"며 "특히 정기편 노선이 확대되면서 전년대비 여행 상품의 판매가 꾸준히 늘어나고, 고객들의 문의도 이어지고 있다"고 밝혔다.

티웨이항공, 국군수송사령부와 업무협약 체결

티웨이항공과 국군수송사령부가 국군 장병들의 원활한 항공 수송을 위한 업무협약을 체결했다.

티웨이항공은 12월 2일 국군수송사령부에서 정홍근 티웨이항공 대표이사와 윤국 국군수송사령부 사령관 등 관계자 10여명이 참석한 가운데 업무 협약식을 열었다.

이번 업무 협약에 따라 티웨이항공은 군인(사관학교 생도 및 군 후보생 포함), 군무원 및 국방부 공무원 본인에 대해 전 노선의 운임 할인을 제공한다. 비수기 기준 정상 운임의 7~25%까지 할인율이 적용되며, 국제선의 경우 군무원 및 국방부 공무원 본인의 가족까지 혜택을 받을 수 있다.

앞서 티웨이항공은 해병대 9여단 및 해군 제주기지대 소속 장병에 대한 국내선 항공 운임 할인을 적용해 왔다. 이 같은 기존 혜택의 범위를 확대함에 따라 국군 장병들의 복지 증진과 원활한 항공 수송을 지원할 수 있게 된 것이다.

티웨이항공 관계자는 "이번 MOU의 체결로 대한민국의 안녕을 위해 나라를 지키고 있는 국군 장병분들의 복지 향상에 보탬이 되었으면 한다"고 밝혔다.

항공사의 기본! 티웨이항공, 비상대응훈련(Emergency Response Plan) 실시

티웨이항공이 항공기 사고 상황을 가정해 전사적인 비상대응훈련(Emergency Response Plan)을 실시했다.

티웨이항공은 11월 29일 김포국제공항 화물청사 본사에서 전 부서의 임원진과 실무진이 참석한 가운데 훈련을 진행했다. 이번 훈련은 김포에서 제주로 향하던 항공기가 착륙 과정에서 순간적인 돌풍으로 활주로를 이탈하면서 화재가 발생한 가상 시나리오를 바탕으로 실시되었다.

특히 예측 불가능한 사고 발생의 긴박함과 현실성을 높이기 위해 제주공항에 발생한 사고 상황이 불시에 문자로 발송되었고, 훈련은 그 이후부터 순차적으로 진행됐다.

이번 모의 훈련은 각 부서별로 마련된 위기대응 절차를 바탕으로 비상상황에 대한 신속하고 효과적인 업무 수행을 위한 훈련이 이뤄졌다. 10분, 30분, 1시간, 2시간 이내에 각각 이루어져야 할 초동 조치와 세부적인 후속 대책이 차례대로 시행됐다.

또한 훈련 후에는 각 팀의 대처 과정에 대한 신랄하고 강도 높은 강평 자리를 통해 더욱 신속하고 선진화된 위기대응 절차를 수립, 발전시켜 나가고 있다.

비상상황 시 사고대책본부장이자 중추적 역할을 하는 정홍근 티웨이항공 대표이사는 이 자리에서 "훈련이 아니라 실전이라는 마음으로 비상 신속한 비상 대응을 늘 준비해야 한다"며 "효율적인 대처능력과 티웨이항공의 안전수준을 증진시키기 위해 모의 훈련을 강화해야 한다"고 강조했다.

출제예상문제

적중률 높은 영역별 출제예상문제를 상세하고 꼼꼼한 해설과 함께 수록하여
학습효율을 확실하게 높였습니다.

출제예상문제

01. 언어이해력
02. 언어추리력
03. 응용수리력
04. 수추리력
05. 자료해석력
06. 공간지각력

01 언어이해력

CHAPTER

1 다음 글을 읽고 유추할 수 없는 것은?

> 아리스토텔레스 과학이 제시한 자연관은 중세의 사회 구조와 밀접하게 관련되어 있었다. 우주가 지상계-불완전한 천상계-완전한 천상계로 조화롭게 삼분되어 있듯이, 세계도 인간-교회-신, 평민-귀족-왕의 삼분 구조로 이루어져, 인간 개개인은 이 구조 속에서 자기 삶의 위치를 알 수 있었다. 만물이 우주의 위계질서 속에서 자기 고유의 위치와 운동 방식을 가지고 있는 것처럼 인간도 마찬가지였다. 농부들은 세속의 지배자인 영주에게 복속되어 노동하였으며, 교회는 지상에 있는 신의 대리자로서 농부들의 정신생활을 통제하였다.

① 아리스토텔레스 과학이 제시한 자연관은 중세 신분제도와 서로 관계가 있다.
② 농민은 물리적인 면에서는 영주의 지배를 받았고, 정신적인 면에서는 교황의 통제를 받았다.
③ 인간세계를 평민, 귀족, 왕으로 삼분한 최초의 학자는 아리스토텔레스이다.
④ 지상계, 불완전한 천상계, 완전한 천상계의 관계는 중세의 평민, 귀족, 왕의 관계와 닮아 있다.

★ **TIP** ③ 아리스토텔레스가 인간세계를 평민, 귀족, 왕으로 삼분한 최초의 학자라는 이야기는 찾을 수 없고 단지 아리스토텔레스 과학이 제시한 자연관이 조화롭게 삼분되어 있듯이 세계도 삼분구조로 이루어져 있다고 제시되어 있을 뿐이다.

2 다음 글을 읽고 이 글에서 생략된 전제로 옳은 것은?

> 일인(一人) 독재는 때로는 정당화된다. 그런데 소수 엘리트 독재는 일인 독재에 비하면 훨씬 덜 심각한 자유권 침해이다. 그러므로 소수 엘리트 독재도 정당화된다는 경우가 있을 것이다.

① 정당한 일인 독재뿐 아니라 정당한 소수 엘리트 독재도 가끔 발생한다.
② 자유권 침해의 정도가 덜 심각한 체재는 더 쉽게 정당화된다.
③ 가장 큰 악을 피할 수 있는 유일한 방법이 일인 독재라면, 일인 독재는 정당화될 수도 있다.
④ 일인 독재는 돌이킬 수 없는 자유권 침해이지만 소수 엘리트 독재의 상처는 치유될 수 있다.

★ **TIP** 논증에서 소수 엘리트 독재는 일인 독재보다 자유권 침해가 덜하기 때문에 정당화될 수 있다는 것을 이끌어낼 수 있으므로 자유권 침해의 정도가 덜 심각한 체재는 더 쉽게 정당화된다는 전제가 필요하다.

3 다음 글을 읽고 이 글에 대한 반론으로 가장 부적절한 것은?

> 사람들이 '영어 공용화'의 효용성에 대해서 말하면서 가장 많이 언급하는 것이 영어 능력의 향상이다. 그러나 영어 공용화를 한다고 해서 그것이 바로 영어 능력의 향상으로 이어지는 것은 아니다. 영어 공용화의 효과는 두 세대 정도 지나야 드러나며 교육제도 개선 등 부단한 노력이 필요하다. 오히려 영어를 공용화하지 않은 노르웨이, 핀란드, 네덜란드 등에서 체계적인 영어 교육을 통해 뛰어난 영어 구사자를 만들어 내고 있다.

① 필리핀, 싱가포르 등 영어 공용화 국가에서는 영어 교육의 실효성이 별로 없다.
② 우리나라는 노르웨이, 핀란드, 네덜란드 등과 언어의 문화나 역사가 다르다.
③ 영어 공용화를 하지 않으면 영어 교육을 위해 훨씬 많은 비용을 지불해야 한다.
④ 체계적인 영어 교육을 하는 일본에서는 뛰어난 영어 구사자를 발견하기 힘들다.

★ **TIP** 영어 공용화를 한다고 해서 바로 영어 능력의 향상으로 이어지는 것은 아니며, 오히려 영어 공용화를 하지 않은 국가들이 체계적인 영어 교육을 통해 뛰어난 영어 구사자를 만들어 내고 있다고 말하고 있다.

ANSWER ⟩ 1.③ 2.② 3.①

4 다음 글을 읽고 유추할 수 없는 내용은?

> 문화상대주의는 다른 문화를 서로 다른 역사, 환경의 맥락에서 이해해야 한다는 인식론이자 방법론이며 관점이고 원칙이다. 하지만 문화상대주의가 차별을 정당화하거나 빈곤과 인권침해, 저개발 상태를 방치하는 윤리의 백지상태를 정당화하는 수단이 될 수는 없다. 만일 문화상대주의가 타문화를 이해하는 방법이 아니라, 윤리적 판단을 회피하거나 보류하는 도덕적 문화상대주의에 빠진다면, 이는 문화상대주의를 남용한 것이다. 문화상대주의는 다른 문화를 강요하거나 똑같이 적용해서는 안 된다는 입장일 뿐, 보편윤리와 인권을 부정하는 윤리적 회의주의와 혼동되어서는 안 된다.

① 문화상대주의와 윤리적 회의주의는 구분되어야 한다.
② 문화상대주의가 도덕적 문화상대주의에 빠지는 것을 경계해야 한다.
③ 문화상대주의는 일반적으로 도덕적 판단에 대해 가치중립적이어야 한다.
④ 문화상대주의는 타문화에 대한 관용의 도구가 될 수 있다.

✦ TIP ③ 도덕적 문화상대주의의 입장으로 작자의 입장과 다르다. 작자는 윤리적 판단을 회피하거나 보류하는 도덕적 문화상대주의에 빠져서는 안 된다는 주장을 하고 있다.

5 다음 글의 제목으로 가장 적절한 것은?

> '언어는 사고를 규정한다'고 주장하는 연구자들은 인간이 언어를 통해 사물을 인지한다고 말한다. 예를 들어, 우리나라 사람은 '벼'와 '쌀'과 '밥'을 서로 다른 것으로 범주화하여 인식하는 반면, 에스키모인은 하늘에서 내리는 눈, 땅에 쌓인 눈, 얼음처럼 굳어서 이글루를 지을 수 있는 눈을 서로 다른 것으로 범주화하여 파악한다. 이처럼 언어는 사물을 자의적으로 범주화한다. 그래서 인간이 언어를 통해 사물을 파악하는 방식도 다양할 수밖에 없다.

① 언어의 기능
② 언어와 인지
③ 언어의 다양성
④ 에스키모인의 언어

✦ TIP 제목은 전체 내용을 포괄해야 한다. 제시된 글은 언어가 사물을 자의적으로 범주화하여 사람이 이를 통해 사물을 인지하는 것에 대한 내용이므로 언어와 인지가 적절하다.

6 다음에 제시된 글을 가장 잘 요약한 것은?

> 해는 동에서 솟아 서로 진다. 하루가 흘러가는 것은 서운하지만 한낮에 갈망했던 현상이다. 그래서 해가 지면 농부는 얼씨구 좋다고 외치는 것이다. 해가 지면 신선한 바람이 불어오니 노랫소리가 절로 나오고, 아침에 모여 하루 종일 일을 같이 한 친구들과 헤어지며 내일 또 다시 만나기를 기약한다. 그리고는 귀여운 처자가 기다리는 가정으로 돌아가 빵긋 웃는 어린 아기를 만나게 된다. 행복한 가정으로 돌아가 하루의 고된 피로를 풀게 된다. 고된 일은 바로 이 행복한 가정을 위해서 있는 것이다. 그래서 고된 노동을 불평만 하지 않고, 탄식만 하지 않고 긍정함으로써 삶의 의욕을 보이는 지혜가 있었다.

① 농부들은 하루 종일 힘겨운 일을 하면서도 가정의 행복만을 생각했다.
② 농부들은 자신이 고된 일을 하는 것이 행복한 가정을 위한 것임을 깨달아 불평불만을 해소하려 애썼다.
③ 가정의 행복을 위해서라면 고된 일일지라도 불평하지 않고 긍정적으로 해 나가야 한다는 생각을 농부들은 지니고 있었다.
④ 해가 지면 집에 돌아가 가족과 행복한 시간을 보낼 수 있다는 희망에 농부들은 고된 일을 하면서도 불평을 하지 않고 즐거운 삶을 산다.

★TIP 해가 지면 행복한 가정에서 하루의 고된 피로를 풀기 때문에 농부들이 고된 노동에도 긍정적인 삶의 의욕을 보일 수 있다는 내용을 찾으면 된다.

ANSWER ＞ 4.③ 5.② 6.④

7 다음 글에서 이야기하고 있는 조직시민행동에 해당하지 않는 것은?

> 조직시민행동은 개인 본연의 직무는 아니지만 전반적인 조직성과를 제고하는 데 기여하는 직무 외 행동을 일컫는 개념이다. 이는 직무기술서 상에 명시돼 있지는 않지만 양심적인 시민으로서 타인에 대한 배려와 조직에 대한 애정에 기반 한 시민의식의 자발적 발현을 통해 협력적인 분위기를 고취하는 행동을 말한다.

① 규정된 출근시간보다 일찍 출근하여 사무실을 정리·정돈하였다.
② 점심시간을 아껴서 능력개발을 위해 학원을 다녔다.
③ 퇴근하기 전에 사무실을 돌아다니며 불필요한 전등을 껐다.
④ 회사에서 비윤리적 행동을 하는 사람을 상사에게 알렸다.

★ TIP 조직시민행동이란 '시민의식의 자발적 발현을 통해 협력적인 분위기를 고취하는 행동'이므로 사무실을 정리하거나 능력개발을 위해 학원을 다니는 것, 불필요한 전등을 끄는 행동, 신입사원을 주어진 책임 이상으로 지도하는 것은 포함되나, 다른 사람의 잘못을 상사에게 이르는 것은 조직시민행동이라 볼 수 없다.

8 인도(印度)사람을 독자로 설정하여 다음 지문과 같은 내용의 글을 쓴다고 할 때 필자가 범하고 있는 가장 큰 잘못은?

> 소는 인간에게 가장 충직한 동물이다. 살아서 인간을 위해 평생을 봉사한다. 무거운 수레를 끌고 힘든 밭갈이를 하면서도 불평 한 마디 않은 채 주인의 명령에 순종한다. 자신의 새끼가 주인집 아들의 학비를 위해 팔려가도 묵묵히 바라만 볼 뿐이다. 소는 죽어서도 아낌없이 자신의 육체를 인간의 육체를 위해 인간들에게 바친다. 뼈와 살은 인간들의 음식으로, 가죽과 뿔은 인간들의 용품을 만드는 데 바쳐지는 것이다.

① 독자들을 어느 한 계층에만 국한시키고 있다.
② 독자들의 문화적 배경에 대한 이해가 부족했다.
③ 필자는 독자와의 관계를 우호적으로 보고 있다.
④ 독자의 교육수준이 고려되지 않은 표현을 사용했다.

★ TIP 인도사람들의 대부분은 힌두교도로, 이들은 소를 신성시하여 숭배하는 문화를 가지고 있다. 이들에게 소의 희생, 봉사정신의 큰 덕을 본받자는 교훈적 주제를 전달하려는 글을 쓴다면 주제가 전달되기도 전에 한국인들의 잔인함에 먼저 분노의 감정부터 나타낼 것이다.

|9~10| 다음 주어진 글을 순서에 맞게 배열한 것을 고르시오.

9
⊙ 반면 영화는 시간·공간의 제한으로 인해 인물이나 구성에서 원작과 차이가 날 수밖에 없다.
ⓒ 또한 상상할 수 있는 모든 것을 자유롭게 표현할 수 있다.
ⓒ 소설과 영화는 각기 다른 장르적 특성을 지니고 있다.
② 그러나 영화는 실제와 다름없는 영상을 통해 내용을 보다 확실하게 전달할 수 있다.
⑩ 소설은 문자로 내용을 전달하기 때문에 유려한 서술과 정교한 묘사가 가능하다.

① ㉠ – ㉡ – ㉢ – ㉣ – ㉤
② ㉠ – ㉣ – ㉤ – ㉡ – ㉢
③ ㉢ – ㉠ – ㉣ – ㉤ – ㉡
④ ㉢ – ㉤ – ㉡ – ㉠ – ㉣

★ **TIP** ㉢ 도입부분 → ㉤ 소설의 특성 → ㉡ ㉤에 이은 소설의 특성 → ㉠ 영화의 한계 → ㉣ 영화의 장점

10
㉠ 또 '꽃향기'라는 실체가 있기 때문에 꽃의 향기를 후각으로 느낄 수 있다고 생각한다.
㉡ 왜냐하면 우리가 삼각형을 인식하는 것은, 실제로 '삼각형'이라는 것이 있다고 생각하기 때문이다.
㉢ 삼각형은 세모난 채로, 사각형은 각진 모습으로 존재한다고 생각한다.
㉣ 우리는 보고, 듣고, 느끼는 그대로 세상이 존재한다고 믿는다.
이처럼 보고, 듣고, 냄새 맡고, 손끝으로 느끼는 것, 우리는 이 모든 것을 통틀어 '감각'이라고 부른다.

① ㉢ – ㉡ – ㉣ – ㉠
② ㉢ – ㉣ – ㉠ – ㉡
③ ㉣ – ㉠ – ㉢ – ㉡
④ ㉣ – ㉢ – ㉡ – ㉠

★ **TIP** ㉣ 화제제시 → ㉢ 예시 → ㉡ 앞선 예시에 대한 근거 → ㉠ 또 다른 예시 → 결론의 순서로 배열하는 것이 적절하다.

ANSWER 〉 7.④ 8.② 9.④ 10.④

11 다음 글에 포함되지 않은 내용은?

> 연금술이 가장 번성하던 때는 중세기였다. 연금술사들은 과학자라기보다는 차라리 마술사에 가까운 존재였다. 그들의 대부분은 컴컴한 지하실이나 다락방 속에 틀어박혀서 기묘한 실험에 열중하면서 연금술의 비법을 발견해내고자 하였다. 그것은 오늘날의 화학에서 말하자면 촉매에 해당하는 것이다. 그들은 어떤 분말을 소량 사용하여 모든 금속을 금으로 전화시킬 수 있다고 믿었다. 그리고 그들은 연금석이 그 불가사의한 작용으로 인하여 불로장생의 약이 될 것으로 생각하였다.

① 연금술사의 특징
② 연금술사의 꿈
③ 연금술의 가설
④ 연금술의 기원

★TIP ④ 연금술이 중세기 때 번성했다는 사실은 나와 있지만 연금술이 언제 생겨났는지는 언급되어 있지 않다.

12 다음 글에 이어질 내용으로 부적합한 것은?

> 인간은 흔히 자기 뇌의 10%도 쓰지 못하고 죽는다고 한다. 또 사람들은 천재 과학자인 아인슈타인조차 자기 뇌의 15% 이상을 쓰지 못했다는 말을 덧붙임으로써 이 말에 신빙성을 더한다. 이 주장을 처음 제기한 사람은 19세기 심리학자인 윌리엄 제임스로 추정된다. 그는 "보통 사람은 뇌의 10%를 사용하는데 천재는 15~20%를 사용한다."라고 말한 바 있다. 인류학자 마가렛 미드는 한발 더 나아가 그 비율이 10%가 아니라 6%라고 수정했다. 그러던 것이 1990년대에 와서는 인간이 두뇌를 단지 1% 이하로 활용하고 있다고 했다. 최근에는 인간의 두뇌 활용도가 단지 0.1%에 불과해서 자신의 재능을 사장시키고 있다는 연구 결과도 제기됐다.

① 인간의 두뇌가 가진 능력을 제대로 발휘하지 못하도록 하는 요소가 무엇인지 연구해야 한다.
② 어른들도 계속적인 연구와 노력을 통하여 자신의 능력을 충분히 발휘할 수 있도록 해야 한다.
③ 학교는 자라나는 학생이 재능을 발휘할 수 있도록 여건을 조성해 주어야 한다.
④ 어린 시절부터 개성적인 인간으로 성장할 수 있도록 조기교육을 실시해야 한다.

★TIP 이 글은 첫 문장에서 인간은 자기 뇌의 10%도 쓰지 못하고 죽는다고 언급하며 심지어 10%도 안 되는 활용을 한다는 주장들을 예로 들며 내용을 전개하고 있다. 따라서 뒤에 이어질 내용은 인간의 두뇌 활용에 관련된 내용이 오는 것이 적합하다.
④ 개성적인 인간으로 성장하기 위한 조기 교육은 이 글 뒤에 이어질 내용으로 부적합하다.

13 다음 글에서 주장하는 내용으로 가장 알맞은 것은?

> 조력발전이란 조석간만의 차이가 큰 해안지역에 물막이 댐을 건설하고, 그곳에 수차 발전기를 설치해 밀물이나 썰물의 흐름을 이용해 전기를 생산하는 발전 방식이다. 따라서 조력발전에는 댐 건설이 필수 요소다. 반면 댐을 건설하지 않고 자연적인 조류의 흐름을 이용해 발전하는 방식은 '조류발전'이라 불러 따로 구분한다.
> 조력발전이 환경에 미치는 부담 가운데 가장 큰 것이 물막이 댐의 건설이다. 물론 그동안 산업을 지탱해 온 화석연료의 고갈과 공해 문제를 생각할 때 이를 대체할 에너지원의 개발은 매우 절실하고 시급한 문제다. 그렇다 하더라도 자연환경에 엄청난 부담을 초래하는 조력발전을 친환경적이라 포장하고, 심지어 댐 건설을 부추기는 현재의 정책은 결코 용인될 수 없다.

① 댐을 건설하는 데 많은 비용이 들어가는 조력발전은 폐기되어야 한다.
② 친환경적인 조류발전을 적극 도입하여 재생에너지 비율을 높여야 한다.
③ 친환경적인 에너지 정책을 수립하기 위해 조류발전에 대해 더 잘 알아야 한다.
④ 조력발전이 친환경적이라는 시각에 바탕을 둔 현재의 에너지 정책은 재고되어야 한다.

★TIP 마지막 문장을 통하여 조력발전에 대한 잘못된 인식과 올바르지 못한 정책이 재고되어야 함을 피력하고 있다는 것을 알 수 있다.

ANSWER 〉 11.④ 12.④ 13.④

│14~15│ 다음 글을 읽고 물음에 답하시오.

> 나는 왜놈이 지어준 몽우리돌대로 가리라 하고 굳게 결심하고 그 표로 내 이름 김구(金龜)를 고쳐 김구(金九)라 하고 당호 연하를 버리고 백범이라고 하여 옥중 동지들에게 알렸다. 이름자를 고친 것은 왜놈의 국적에서 이탈하는 뜻이요, '백범'이라 함은 우리나라에서 가장 천하다는 백정과 무식한 범부까지 전부가 적어도 나만한 애국심을 가진 사람이 되게 하자 하는 내 원을 표하는 것이니 우리 동포의 애국심과 지식의 정도를 그만큼이라도 높이지 아니하고는 완전한 독립국을 이룰 수 없다고 생각한 것이었다.

14 주어진 글의 종류로 가장 옳은 것은?

① 회고록　　　　　　　② 열전
③ 평전　　　　　　　　④ 자서전

★ TIP ④ 제시된 글은 독립 운동가이며, 정치가인 백범 김구(金九) 선생이 직접 쓴 자서전이다.

15 주어진 글의 목적으로 알맞은 것은?

① 지식이나 정보의 전달
② 독자의 생각과 행동의 변화촉구
③ 자기 자신에 대한 성찰
④ 독자에게 간접체험의 기회 제공

★ TIP ② 김구의 「나의 소원」은 호소력 있는 글로 독자의 행동과 태도 변화를 촉구하고 있다.

16 다음에 해당하는 언어의 기능은?

> 이 기능은 우리가 세계를 이해하는 정도에 비례하여 수행된다. 그러면 세계를 이해한다는 것은 무엇인가? 그것은 이 세상에 존재하는 사물에 대하여 이름을 부여함으로써 발생하는 것이다. 여기 한 그루의 나무가 있다고 하자. 그런데 그것을 나무라는 이름으로 부르지 않는 한 그것은 나무로서의 행세를 못한다. 인류의 지식이라는 것은 인류가 깨달아 알게 되는 모든 대상에 대하여 이름을 붙이는 작업에서 형성되는 것이라고 말해도 좋다. 어떤 사물이건 거기에 이름이 붙으면 그 사물의 개념이 형성된다. 다시 말하면, 그 사물의 의미가 확정된다. 그러므로 우리가 쓰고 있는 언어는 모두가 사물을 대상화하여 그것에 의미를 부여하는 이름이라고 할 수 있다.

① 정보적 기능
② 친교적 기능
③ 명령적 기능
④ 관어적 기능

TIP 언어의 기능
㉠ **표현적 기능**: 말하는 사람의 감정이나 태도를 나타내는 기능이다. 언어의 개념적 의미보다는 감정적인 의미가 중시된다. →[예: 느낌, 놀람 등 감탄의 말이나 욕설, 희로애락의 감정표현, 폭언 등]
㉡ **정보전달기능**: 말하는 사람이 알고 있는 사실이나 지식, 정보를 상대방에게 알려 주기 위해 사용하는 기능이다. →[예: 설명, 신문기사, 광고 등]
㉢ **사교적 기능**(친교적 기능): 상대방과 친교를 확보하거나 확인하여 서로 의사소통의 통로를 열어 놓아주는 기능이다. →[예: 인사말, 취임사, 고별사 등]
㉣ **미적 기능**: 언어예술작품에 사용되는 것으로 언어를 통해 미적인 가치를 추구하는 기능이다. 이 경우에는 감정적 의미만이 아니라 개념적 의미도 아주 중시된다. →[예: 시에 사용되는 언어]
㉤ **지령적 기능**(감화적 기능): 말하는 사람이 상대방에게 지시를 하여 특정 행위를 하게 하거나, 하지 않도록 함으로써 자신의 목적을 달성하려는 기능이다. →[예: 법률, 각종 규칙, 단체협약, 명령, 요청, 광고문 등의 언어]

ANSWER 〉 14.④ 15.② 16.①

17 다음 글에서 추론할 수 있는 진술이 아닌 것은?

> 명절 연휴 때면 어김없이 등장하는 귀성행렬의 사진촬영, 육로로 접근이 불가능한 지역으로의 물자나 인원이 수송, 화재 현장에서의 소화와 구난작업, 농약살포 등에는 어김없이 헬리콥터가 등장한다. 이는 헬리콥터가 일반 비행기로는 할 수 없는 호버링(공중정지), 전후진 비행, 수직 착륙, 저속비행 등이 가능하기 때문이다. 이렇게 헬리콥터를 자유자재로 움직이는 비밀은 로터에 있다. 비행체가 뜰 수 있는 양력과 추진력을 모두 로터에서 동시에 얻기 때문이다. 로터에는 일반적으로 2~4개의 블레이드(날개)가 붙어있다. 빠르게 회전하는 각각의 블레이드에서 비행기 날개와 같은 양력이 발생하는데 헬리콥터는 이 양력 덕분에 무거운 몸체를 하늘로 띄울 수 있다. 비행기 역시 엔진의 추진력 때문에 양쪽 날개에 발생하는 양력을 이용해 공중에 뜨게 되는 것이므로 사실 헬리콥터의 비행원리는 비행기와 다르지 않다.

① 로터는 헬리콥터가 뜰 수 있는 양력과 추진력을 제공한다.
② 헬리콥터는 빠르게 회전하는 블레이드 덕분에 무거운 몸체를 띄울 수 있다.
③ 비행기도 화재 현장에서의 소화와 구난작업, 농약살포 등에 이용할 수 있다.
④ 헬리콥터는 현대사회에서 일반 비행기로는 할 수 없는 다양한 일에 사용된다.

✯ **TIP** 귀성행렬의 사진촬영, 육로로 접근이 불가능한 지역으로의 물자나 인원이 수송, 화재 현장에서의 소화와 구난작업, 농약살포 등에 헬리콥터가 등장하는 이유는 일반 비행기로는 할 수 없는 호버링(공중정지), 전후진 비행, 수직 착륙, 저속비행 등이 가능하기 때문이라고 하였다. 따라서 이 글을 바탕으로 ②와 같은 추론을 하는 것은 적절하지 않다.

18 다음 글을 보고 알 수 있는 내용이 아닌 것은?

> 현재의 특허법을 보면 생명체나 생명체의 일부분이라도 그것이 인위적으로 분리·확인된 것이라면 발명으로 간주하고 있다. 따라서 유전자도 자연으로부터 분리, 정제되어 이용 가능한 상태가 된다면 화학 물질이나 미생물과 마찬가지로 특허의 대상이 인정된다. 그러나 유전자 특허 반대론자들은 생명체 진화 과정에서 형성된 유전자를 분리하고 그 기능을 확인했다는 이유만으로 독점적 소유권을 인정하는 일은 마치 한 마을에서 수십 년 동안 함께 사용해 온 우물물의 독특한 성분을 확인했다는 이유로 특정한 개인에게 독점권을 준 자는 논리만큼 부당하다고 주장한다.

① 현재의 특허법은 자연 자체에 대해서도 소유권을 인정한다.
② 유전자 특허 반대론자는 비유를 이용하여 주장을 펼치고 있다.
③ 유전자 특허 반대론자의 말에 따르면 유전자는 특허의 대상이 아니다.
④ 현재의 특허법은 대상보다는 특허권 신청자의 인위적 행위의 결과에 중점을 둔다.

★ TIP 자연 자체에 대해 소유권을 인정하는 것이 아니라 생명체나 일부 분야라도 그것이 인위적으로 분리·확인된 것이라면 발명으로 간주하고 있다.
②③ 마지막 문장을 통해 확인할 수 있다.
④ 첫 번째 문장과 두 번째 문장을 통해 확인할 수 있다.

ANSWER 〉 17.③ 18.①

| 19~20 | 다음 글을 읽고 물음에 답하시오.

(가) 바야흐로 "21세기는 문화의 세기가 될 것이다."라는 전망과 주장은 단순한 바람의 차원을 넘어서 보편적 현상으로 인식되고 있다. 이러한 현상은 세계 질서가 유형의 자원이 힘이 되었던 산업사회에서 눈에 보이지 않는 무형의 지식과 정보가 경쟁력의 원천이 되는 지식 정보 사회로 재편되는 것과 맥을 같이 한다.

(나) 지금까지의 산업사회에서 문화와 경제는 각각 독자적인 영역을 유지해 왔다. 그러나 지식정보사회에서는 경제성장에 따라 소득 수준이 향상되고 교육 기회가 확대되면서 물질적 풍요를 뛰어넘는 삶의 질을 고민하게 되었고, 모든 재화와 서비스를 선택할 때 기능성을 능가하는 문화적, 미적 가치를 고려하게 되었다.

(다) 이제 문화는 배부른 자나 유한계급의 전유물이 아니라 생활 그 자체가 되었다. 고급문화와 대중문화의 경계가 무너지고 장르 간 구분이 모호해지면서 서로 다른 문화가 뒤섞여 새로운 문화가 생겨나고 있다. 이렇게 해서 나타나는 퓨전 문화가 대중적 관심을 끌고 있는 가운데 이율배반적인 것처럼 보였던 문화와 경제의 공생 시대가 열린 것이다. 특히 경제적 측면에서 문화는 고전 경제학에서 말하는 생산의 3대 요소인 토지·노동·자본을 대체하는 생산 요소가 되었을 뿐만 아니라 경제적 자본 이상의 주요한 자본이 되고 있다.

19 주어진 글의 내용과 일치하지 않는 것은?

① 문화와 경제가 서로 도움이 되는 보완적 기능을 하는 공생 시대가 열렸다.
② 산업사회에서 문화와 경제는 각각 독자적인 영역을 유지해 왔다.
③ 이제 문화는 부유층의 전유물이 아니라 생활 그 자체가 되었다.
④ 고급문화와 대중문화가 각자의 영역을 확고히 굳히며 그 깊이를 더하고 있다.

★TIP ④ 고급문화와 대중문화의 경계가 무너지고 장르 간 구분이 모호해지면서 서로 다른 문화가 뒤섞여 새로운 문화가 생겨나고 있다고 언급하고 있다.

20 주어진 글의 흐름에서 볼 때 아래의 글이 들어갈 적절한 곳은?

> 뿐만 아니라 정보통신이 급격하게 발달함에 따라 세계 각국의 다양한 문화를 보다 빠르게 수용하면서 문화적 욕구와 소비를 가속화시켰고, 그 상황 속에서 문화와 경제는 서로 도움이 되는 보완적 기능을 하게 되었다.

① (가) 앞
② (가)와 (나) 사이
③ (나)와 (다) 사이
④ (다) 다음

★ TIP '뿐만 아니라'의 쓰임으로 볼 때 이 글의 앞부분에는 문화와 경제의 영역이 무너지고 있다는 내용이 언급되어야 한다. 따라서 (나) 뒤에 이어지는 것이 적절하다.

21 '틈새 공략을 통한 중소기업의 불황 극복'이라는 주제로 강연을 하려고 할 때, 다음 중 통일성을 해치는 것은?

> ㉠전문기관의 발표에 의하면 경기침체로 중소기업 연체율이 계속 상승할 것이라고 한다. ㉡국제 유가 상승이 악재로 작용하면서 기업의 원가 상승을 불러일으키고 있다. 불황의 골이 깊어지면서 틈새를 공략, 기업 경쟁력을 강화하기 위해 몸부림치는 업체들이 많아졌다. ㉢기술집약형 중소기업인 A는 고급화·전문화를 지향하기 위해 지난 9월부터 세계 최초로 DVD 프론트 로딩 메커니즘 개발사업에 박차를 가하면서 기업의 면모를 쇄신하고 있다. ㉣또 향토 기업인 B는 웰빙 문화의 시대적 흐름을 재빨리 파악, 기발한 아이템과 초저가 전략으로 맞서고 있다. 이들을 통해 볼 때 막대한 투자가 필요한 예고된 기술발전 대신 숨겨져 있던 1인치의 틈새를 공략해 시장을 선도하고 있는 작지만 강한 기업이 불황을 이기는 지름길임을 보여준다.

① ㉠
② ㉡
③ ㉢
④ ㉣

★ TIP ㉢ 고급화·전문화 전략으로 기업의 면모를 쇄신하는 것은 "틈새 공략을 통해 중소기업의 불황을 극복한다."는 주제와 거리가 멀다.

ANSWER 〉 19.④ 20.③ 21.③

22 다음 글을 읽고 추론한 내용으로 가장 적절한 것은?

> 동이 틀 무렵, 어떤 미국 사람이 페르시아에서 시작된 방식으로 만들어진 침대에 인도에서 유래한 잠옷 차림으로 누워 있다. 그는 잠자리에서 일어나 황급히 욕실로 들어간다. 욕실의 유리는 고대 이집트인들에 의해 발명된 것이고, 마루와 벽에 붙인 타일의 사용법은 서남아시아에서, 도자기는 중국에서, 금속에 에나멜을 칠하는 기술은 청동기 시대의 지중해 지역 장인들에 의해서 발명된 것이다.
> 침실로 들어오자마자 옷을 입기 시작한다. 그가 입은 옷은 아시아 스텝 초원 지대의 고대 유목민들의 가죽옷에서 비롯된 것이다. 고대 이집트에서 발명된 처리법으로 제조한 가죽을 고대 그리스에서 전해 온 본에 따라 재단해서 만든 신을 신는다.
> 이제 그는 영국에서 발명된 열차를 향해 뜀박질을 한다. 가까스로 열차를 타고 나서, 그는 멕시코에서 발명된 담배를 피우기 위해서 자리에 등을 기댄다. 그리고 그는 중국에서 발명된 종이에다 고대 셈 족이 발명한 문자로 쓰인 기사를 읽는다.

① 문화 변동의 양상은 문화적 다양성을 보여준다.
② 우리의 일상생활은 문화 전파의 산물로 가득 차 있다.
③ 다양한 부분 문화의 형성은 문화의 획일화를 방지한다.
④ 서로 다른 문화가 공존하는 다문화 사회의 힘은 강력하다.

★TIP 일상생활에 존재하는 모든 것들이 각국에서 발명되거나 전파되어 온 것이라는 내용이 글 전반에 걸쳐 쓰여 있다.

23 다음 중 ( ) 안에 공통으로 들어갈 단어는?

> 어쩌면 모든 문명의 바탕에는 ( )가(이) 깔려 있는지도 모른다. 우리야 지금 과학으로 무장하고 있지만, 자연 지배의 능력 없이 알몸으로 자연에 맞서야 했던 원시인들에게 세계란 곧 ( ) 그 자체였음에 틀림없다. 지식이 없는 상태에서 맞닥뜨린 세계는 온갖 우연으로 가득찬 혼돈의 세계였을 터이고, 그 혼돈은 인간의 생존 자체를 위협하는 것이었으리라. 그리하여 그 앞에서 인간은 무한한 ( )을(를) 느끼지 않을 수 없을 게다.

① 공포
② 신앙
③ 욕망
④ 이성

★TIP 두 번째 문장의 '인간의 생존 자체를 위협하는 것'이라는 어구를 통해 공포라는 어휘가 적절함을 유추할 수 있다.

24 아래 글에서 다음 문장이 들어가기에 알맞은 곳은?

> 이에 환경부는 '멸종 위기 야생 동식물' 194종을 지정하여 이를 포획하거나 채취하는 행위를 금지하고 있다.

> ① 서식처를 잃은 야생 동물들은 생존의 위협을 받고 있다. ② 굶주린 야생 멧돼지와 수리부엉이가 먹이를 찾아 농가를 습격했다는 뉴스는 이제 더 이상 새롭지 않다. ③ 여기에 속한 붉은 박쥐는 우리나라와 일본 쓰시마 섬에만 살고 있다. ④ 우리가 보호하지 않는다면 붉은 박쥐 역시 도도새처럼 기록으로만 남을지도 모른다.

★TIP ③ 다음 문장에서 붉은 박쥐가 어떠한 특정 동식물에 속해 있다는 내용이 나오므로 ③의 위치에 '멸종 위기 야생 동식물'의 지정에 대한 내용이 들어가는 것이 알맞다.

25 다음 글의 기술 방식 상 특징을 바르게 이해한 것은?

> 집을 나섰다. 리무진 버스를 타고 거대한 영종대교를 지나 인천공항에 도착해보니 사람들로 북적거렸다. 실로 많은 사람들이 해외를 오가고 있다고 생각하니 '세계화, 지구촌'이란 단어들이 새로운 느낌으로 다가왔다. 출국 수속을 마치고 비행기표를 받았다. 출발까지는 한참을 기다려야 했기에 공항 내 이곳저곳을 두루 살펴보면서 아들과 그동안 못 나눈 이야기로 시간을 보냈다.

① 객관적 정보와 사실들을 개괄하여 설명한다.
② 공항의 풍경과 사물들을 세밀하게 묘사한다.
③ 개인적 감정과 견해를 타인에게 설득시킨다.
④ 시간의 경과에 따른 체험과 행위를 서술한다.

★TIP 집을 나섬→영종대교를 지남→인천공항에 도착→출국 수속을 마침→공항 구경으로 이어지고 있다. 따라서 정답은 ④ '시간의 경과에 따른 체험과 행위를 서술한다'가 된다.

ANSWER > 22.② 23.① 24.③ 25.④

26 다음 글에서 빈칸에 들어갈 알맞은 문장은?

> 일본 젊은이들의 '자동차 이탈(차를 사지 않는 것)' 현상은 어제오늘 일이 아니다. 니혼게이자이신문이 2007년 도쿄의 20대 젊은이 1,207명을 조사한 결과, 자동차 보유비율은 13%였다. 2000년 23.6%에서 10% 포인트 이상 떨어졌다. 자동차를 사지 않는 풍조를 넘어, 자동차 없는 현실을 멋지게 받아들이는 단계로 접어들었다는 것이다. (   ) '못' 사는 것을 마치 '안' 사는 것인 양 귀엽게 포장한 것이다. 사실 일본 젊은이들의 자동차 이탈엔 장기 침체와 청년 실업이라는 경제적인 원인이 작용하고 있다.

① 이러한 풍조는 사실 일종의 자기 최면이다.
② 이러한 상황에는 자동차 산업 불황이 한몫을 했다.
③ 이러한 현상은 젊은이들의 사행심에서 비롯되었다.
④ 이는 젊은이들의 의식이 건설적으로 바뀐 결과이다.

★ TIP 빈칸의 앞, 뒤 문장을 통해 실제로는 자동차를 못 사는 상황이지만 자신의 의지로 사지 않는다는 식의 자기 최면이나 포장이 확산되어 자동차를 사지 않는 풍조가 생겨났음을 알 수 있다.

27 다음 글의 주제로 알맞은 것은?

> 한국 사람들은 '풀다'라는 말을 잘 쓴다. 억울한 것도 풀고, 분한 것도 풀고, 막혀 있는 것도 풀어야 한다. 그것이 바로 화풀이요, 분풀이요, 원풀이다. 우리의 민족 신앙에 '살풀이'라는 것이 있다. 아무리 흉한 액운이 닥치더라도 곧 풀어버리면 그 액이 미치지 못한다고 믿는 것이다. 푸닥거리도 마찬가지다. 맺힌 것을 풀어 주면 재앙이 물러가는 것이다. 한국의 샤머니즘의 특징은 죽은 영혼의 원한을 풀어 주는 데 있다. 한국 사람들은 한을 풀지 못하고 구천을 떠도는 영혼을 무서워한다. 한국의 예술 형식도 감정을 풀어 주는 데 근본을 두고 있다. 노래를 부르는 것, 시를 짓는 것, 춤을 추는 것, 그 모든 것을 시름을 풀기 위한 것으로 보는 경우가 많다.

① 한국 사람들은 속마음을 잘 드러내지 않는다.
② 한국 사람들은 음주가무를 즐긴다.
③ 한국 사람들은 화와 분과 원을 잘 풀어낸다.
④ 한국 사람들은 귀신을 무서워한다.

★ TIP ③ '풀다'라는 단어를 통해 우리 민족의 특성을 설명하는 글이다.

28 다음 글에서 밑줄 친 부분에 대한 글쓴이의 태도로 가장 알맞은 것은?

> 아파트 이름을 영어로 짓는 게 유행이다. 정겨운 우리말을 뒷전으로 보내고 영어 이름에 매달리는 데는 영어가 왠지 더 '폼 나 보인다'는 생각이 작용한 듯하다. 게다가 영어 이름을 붙이면 아파트의 가치가 높아질 것이라는 기대마저 깔려 있지 않나 싶다. 영어가 세계어가 된 마당에 <u>아파트 이름 하나 영어로 짓는 일</u>이 뭐 그리 대수냐고 반문할 수도 있다. 하지만 요즘의 무분별한 영어 사용은 사실 한문, 일본어, 영어로 이어지는 우리의 언어사대주의와 무관하지 않을 것이다. 이상야릇한 영어 아파트 이름들을 끊임없이 듣노라면 씁쓸함을 넘어 이래도 되나 싶은 마음까지 든다.

① 의심 ② 냉담
③ 증오 ④ 우려

✯ **TIP** 밑줄 친 부분의 다음 문장을 통해 무분별한 영어 사용이 외국어에 대한 언어 사대주의로 악화될 수 있음을 우려하고 있다는 것을 알 수 있다.

ANSWER 〉 26.① 27.③ 28.④

【29~30】 다음 글을 읽고 물음에 답하시오.

　나의 그림에 대해서는 더 이야기하고 싶지 않다. 그것은 견딜 수 없이 괴로운 일이다. 그리고 나는 내가 그것에 대해서 생각하고 ㉠화필과 물감을 통해서 의미를 부여하고자 하는 것의 십분의 일도 설명할 수가 없을 것이다. 다만 나는 인간의 근원에 대해 좀 더 생각을 깊이 하지 않으면 안 된다는 느낌이 깊었던 점만은 지금도 고백할 수가 있을 것이다. 하여 에덴으로부터 그 이후로는 아벨이라든지 카인 또 그 인간들이 지니고 의미하는 속성들을 논거 없이 생각해 보곤 하였다. 그러나 어느 것도 전부 긍정할 수는 없었다.
　㉡단세포 동물처럼 아무 사고도 찾아볼 수 없는 에덴의 두 인간과 창세기적 아벨의 선 개념, 또 신으로부터 영원한 악으로 단죄 받은 카인의 질투 그것도 참으로 ㉢인간의 향상의지로서 신을 두렵게 했을는지도 모른다. 그 이후로 나타난 수많은 분화, 선과 악의 무한전한 배합비율… 그러나 감각으로 나의 화필이 떨리게 하는 얼굴은 없었다. 실상 나는 그 많은 얼굴들 사이를 방황하고 있었는지도 모를 일이었다. 하지만 안타까운 것은 혜인 이후 나는 벌써 어떤 얼굴을 강하게 예감하고 있다는 것이었다. 아직은 내가 그것과 만날 수가 없었을 뿐이었다.
　둥그스름한, 그러나 튀어나갈 듯이 긴장한 선으로 얼굴의 ㉣외곽선을 떠놓고 나는 며칠 동안 고심만 했다.

29 다음 중 작중 화자 '나'의 고민과 어울리는 사상은?

① 실존주의　　　　　　② 고전주의
③ 허무주의　　　　　　④ 쾌락주의

★TIP　작중 화자는 화가로 "인간의 근원에 대해 생각을 깊이 하지 않으면 안 된다는 느낌이 깊었다"라고 말하면서 그것을 화필과 붓을 사용하여 나타내고자 한다는 것을 알 수 있다.
① 전후의 허무 의식에서 벗어나려는 실존적 자각(자아 발견)과 건설적인 휴머니즘을 추구한다.
② 고대 그리스·로마의 고전 작품들을 모범으로 삼고 거기에 들어 있는 공통적인 특징들을 재현하려는 경향이다.
③ 절대적인 진리나 가치 등이 존재하지 않는다고 여기는 경향을 의미한다.
④ 인생의 목적을 쾌락에 두고 이를 행동과 의무의 기준으로 삼는 경향을 의미한다.
※ 이청준의 「병신과 머저리」
　㉠ 갈래 : 액자소설, 단편소설
　㉡ 배경 : 1960년대, 화실과 병원
　㉢ 시점 : 1인칭 주인공 및 1인칭 관찰자 시점
　㉣ 주제 : 서로 다른 삶의 방식을 가진 두 형제의 아픔과 극복과정

30 다음 밑줄 친 ㉠~㉣ 중 화자의 심리상태를 상징적으로 나타내는 것은?

① ㉠
② ㉡
③ ㉢
④ ㉣

★ TIP 작중 화자는 인간본질을 알고자 하며 그것을 그림으로 표현하려고 하나 뚜렷하게 나타내지 못하고 외곽선만 그려놓은 상태이다. 이는 의도하는 바는 있으나 형상이 잡히지 않은 화자의 모습을 대변하고 있다.

ANSWER 〉 29.① 30.④

02 언어추리력

CHAPTER

|1~20| 다음에 제시된 사실들이 모두 참일 때, 이를 통해 얻을 수 있는 결론의 참, 거짓, 알 수 없음을 판단하시오.

1

사실
갑수, 을녀, 병진은 대전, 대구, 부산으로 각각 출장을 갔다.
갑수는 대전에 가지 않았다.
을녀는 대구에 갔다.
병진은 대전 또는 부산에 갔다.

결론
병진은 대전으로 출장을 갔다.

① 참   ② 거짓   ③ 알 수 없음

★TIP 주어진 조건으로 볼 때 갑수는 부산, 을녀는 대구, 병진은 대전으로 출장을 갔으므로 결론은 참이 된다.

2

사실
A기업 총무부에 근무하는 모든 직원은 어학원 또는 회계학원을 다닌다.
종수는 어학원에 다니지 않는다.

결론
종수는 회계학원에 다닌다.

① 참   ② 거짓   ③ 알 수 없음

★TIP 종수가 A기업 총무부에 근무한다는 근거가 없으므로 종수가 어학원에 다니지 않는 것으로 회계학원에 다닌다는 사실은 알 수 없다.

3

사실
모든 A는 흰색이고 시끄럽다.
어떤 B는 검은색이고 작다.
모든 흰색은 귀엽다.
어떤 흰색은 크다.

결론
모든 A는 귀엽다.

① 참　　　　　　② 거짓　　　　　　③ 알 수 없음

★ **TIP** 모든 A는 흰색이고, 모든 흰색은 귀여우므로 '모든 A는 귀엽다'는 결론은 반드시 참이 된다.

4

사실
모든 학생은 오렌지주스를 좋아한다.
호영이는 고등학생이다.

결론
호영이는 오렌지주스를 좋아한다.

① 참　　　　　　② 거짓　　　　　　③ 알 수 없음

★ **TIP** 모든 학생은 오렌지주스를 좋아하는데 호영이는 고등학생이므로 호영이 역시 오렌지주스를 좋아한다는 결론을 내릴 수 있다.

ANSWER 〉 1.① 2.③ 3.① 4.①

5

사실
강 건너 마을에 사는 놀부기업 사람들은 제비를 키우지 않는다.
흥부는 놀부기업에 다니고 강 건너 마을에 살지 않는다.

결론
흥부는 제비를 키운다.

① 참　　　　　　② 거짓　　　　　　③ 알 수 없음

✪ TIP　주어진 사실은 강 건너 마을에 사는 놀부기업 사람들이 제비를 키우지 않는다는 것이므로 강 건너 마을에 살지 않는 흥부가 제비를 키우는지 여부에 대해서는 알 수 없다.

6

사실
무게가 서로 다른 ㉠~㉥의 6개 돌이 있다.
㉡은 ㉠보다 무겁고, ㉥보다 무겁다.
㉢은 ㉡보다 무겁고, ㉣보다 가볍다.
㉤은 ㉢보다 가볍다.

결론
㉠은 ㉥보다 무겁다.

① 참　　　　　　② 거짓　　　　　　③ 알 수 없음

✪ TIP　주어진 조건으로는 ㉠과 ㉥의 무게 차이를 알 수 없다.

7

사실
세 극장 A, B와 C는 직선도로를 따라 서로 이웃하고 있다.
A, B, C 극장의 건물 색깔이 회색, 파란색, 주황색이다.
B극장은 A극장의 왼쪽에 있다.
C극장의 건물은 회색이다.
주황색 건물은 오른쪽 끝에 있는 극장의 것이다.

결론
C는 맨 왼쪽에 위치하는 극장이다.

① 참　　　　　② 거짓　　　　　③ 알 수 없음

★TIP 제시된 명제에 따라 극장과 건물 색깔을 배열하면 C(회색), B(파란색), A(주황색)가 된다. 따라서 C는 맨 왼쪽에 위치하는 극장이라는 결론은 참이 된다.

8

사실
X는 변호사 아니면 아나운서이다.
모든 아나운서는 파란 넥타이를 착용한다.
X는 붉은 넥타이를 착용했다.

결론
X는 변호사이다.

① 참　　　　　② 거짓　　　　　③ 알 수 없음

★TIP X는 변호사 아니면 아나운서 둘 중 하나인데, 모든 아나운서는 파란넥타이를 착용하고 X는 붉은 넥타이를 착용했다. 따라서 아나운서가 아니기 때문에 X는 변호사이다. 따라서 결론은 참이다.

ANSWER 〉 5.③　6.③　7.①　8.①

9

사실
우택이는 영민이보다 키가 크다.
대현이는 영민이보다 키가 작다.

결론
우택, 대현, 영민 순서로 키가 크다.

① 참　　　　　　　② 거짓　　　　　　　③ 알 수 없음

★ **TIP**　키가 큰 순서를 정리해보면 우택 > 영민 > 대현 순이다. 따라서 우택, 대현, 영민 순서로 키가 크다는 결론은 거짓이다.

10

사실
㉠ 대회 첫날 B와 E, C와 D의 경기를 비롯한 총 네 경기를 했다.
㉡ 둘째 날 C와 F의 경기를 포함한 준결승 두 경기를 했다.
㉢ 셋째 날에는 결승전을 했다.
㉣ 우승팀은 A이며, E, C, G에 승리했다.

결론
A는 결승전에서 C에 승리했다.

① 참　　　　　　　② 거짓　　　　　　　③ 알 수 없음

★ **TIP**　C와 F가 준결승전에서 맞붙기 위해서 우승팀인 A는 준결승전에서 ㉣에 의해 E나 G와 만나야 한다. 그리고 C와 A는 결승전에서 맞붙게 된다. 그런데 문제의 주어진 사실을 조합하면, 대회 첫날에는 (C, D), (F, H), (B, E), (G, A)의 대진표가 완성된다. 대회 둘째 날의 대진표는 (C, F), (E, A)가 되고, 결승전은 (C, A)간의 경기가 된다.

11

사실
찬수는 똑똑하다.
공부를 좋아하면 시험을 잘 본다.
공부를 좋아하지 않으면 똑똑하지 않다.

결론
찬수는 시험을 잘 본다.

① 참   ② 거짓   ③ 알 수 없음

★ TIP 찬수는 똑똑하다. → 똑똑하면 공부를 좋아한다(대우). → 공부를 좋아하면 시험을 잘 본다.

12

사실
사과를 좋아하는 어린이는 수박도 좋아한다.
배를 좋아하지 않는 어린이는 수박도 좋아하지 않는다.
귤을 좋아하지 않는 어린이는 배도 좋아하지 않는다.

결론
배를 좋아하는 어린이는 사과도 좋아한다.

① 참   ② 거짓   ③ 알 수 없음

★ TIP 사과 좋아함 → 수박 좋아함 → 배를 좋아함 → 귤을 좋아함

ANSWER ▶ 9.② 10.① 11.① 12.③

13

사실
A는 B의 어머니다.
C는 D의 어머니다.
D는 B의 아버지다.

결론
C는 B의 조모이다.

① 참　　　　　　　② 거짓　　　　　　　③ 알 수 없음

★ **TIP** B를 기준으로 가족관계를 정리해보면,
C(할머니) - D(아버지)
　　　　｜　　＞B
　　　A(어머니)
따라서 'C는 B의 조모이다.'라는 결론은 참이다.

14

사실
모든 신부는 사후의 세계를 믿는다.
어떤 무신론자는 사후의 세계를 의심한다.

결론
사후의 세계를 의심하지 않으면 무신론자가 아니다.

① 참　　　　　　　② 거짓　　　　　　　③ 알 수 없음

★ **TIP** 제시된 결론의 대우는 '무신론자는 사후세계를 의심한다'가 되는데, 명제는 '어떤 무신론자는 사후의 세계를 의심한다.'이기 때문에 옳지 않다.

15

사실
장딴지가 굵은 사람은 축구선수이다.
반바지를 입는 사람 중에서는 더위를 잘 타는 사람이 있다.
어떤 축구선수는 더위를 잘 타지 않는다.
축구선수들은 모두 반바지를 입는다.

결론
더위를 잘 타는 축구선수가 있다.

① 참 ② 거짓 ③ 알 수 없음

★ TIP '더위를 잘 타는 축구선수가 있다'는 '어떤 축구선수는 더위를 잘 타지 않는다.'의 대우명제이므로 참이 된다.

16

사실
㉠ 이씨는 김씨보다 앞에 있다.
㉡ 최씨는 김씨보다 뒤에 있다.
㉢ 박씨는 최씨 바로 앞에 있다.
㉣ 홍씨는 제일 뒤에 있다.
㉤ 박씨 앞에는 두 명이 있다.

결론
최씨는 이씨보다 뒤에 있다.

① 참 ② 거짓 ③ 알 수 없음

★ TIP 제시된 조건 중 ㉠㉡은 변수가 생길 수 있는 것이나, ㉢㉣을 통해 확실한 위치를 추론할 수 있다.

| 이씨 | 김씨 | 박씨 | 최씨 | 홍씨 |

따라서 결론은 참이다.

ANSWER 13.① 14.② 15.① 16.①

17

사실
A~E 5명의 입사성적를 비교하면 A의 순번 뒤에는 2명이 있다.
D의 순번 바로 앞에는 B가 있다.
E의 앞에는 2명 이상의 사람이 있고 C보다는 앞이었다.

결론
입사성적인 두 번째로 높은 사람은 D가 된다.

① 참   ② 거짓   ③ 알 수 없음

★ **TIP** 조건에 따라 순번을 매겨 높은 순으로 정리하면 BDAEC가 된다.
따라서 두 번째로 높은 사람은 D가 된다.

18

사실
㉠ 어떤 회사의 사원 평가 결과 모든 사원이 최우수, 우수, 보통 중 한 등급으로 분류되었다.
㉡ 최우수에 속한 사원은 모두 45세 이상이었다.
㉢ 35세 이상의 사원은 우수에 속하거나 자녀를 두고 있지 않았다.
㉣ 우수에 속한 사원은 아무도 이직경력이 없다.
㉤ 보통에 속한 사원은 모두 대출을 받고 있으며, 무주택자인 사원 중에는 대출을 받고 있는 사람이 없다.
㉥ 이 회사의 직원A는 자녀가 있으며 이직경력이 있는 사원이다.

결론
A는 35세 미만이고 주택을 소유하고 있다.

① 참   ② 거짓   ③ 알 수 없음

★ **TIP** 마지막 단서에서부터 시작해서 추론하면 된다.
직원A는 자녀가 있으며 이직경력이 있는 사원이다. 따라서 이직경력이 있기 때문에 ㉣에 의해 A는 우수에 속한 사원이 아니다. 또 자녀가 있으며 우수에 속하지 않았기 때문에 ㉢에 의해 35세 미만인 것을 알 수 있다. 35세 미만이기 때문에 ㉡에 의해 최우수에 속하지도 않고, 이 결과 A는 보통에 해당함을 알 수 있다. ㉤에 의해 대출을 받고 있으며, 무주택 사원이 아님을 알 수 있다.

19

사실
사과가 야채라면 고구마는 야채가 아니다.
고구마는 야채다.

결론
사과가 야채인지 아닌지 알 수 없다.

① 참   ② 거짓   ③ 알 수 없음

★ TIP 고구마가 야채이므로 사과가 야채라는 조건이 부정된다. 따라서 '사과는 야채가 아니다'라는 결론이 올 수 있으므로 현재의 결론은 거짓이다.

20

사실
오전에 반드시 눈이 오거나 비가 올 것이다.
오전에 비가 오지 않았다.

결론
저녁에는 눈이 올 것이다.

① 참   ② 거짓   ③ 알 수 없음

★ TIP 오전에 반드시 눈이나 비가 온다고 했으나, 비가 오지 않았으므로 오전에는 눈이 왔다가 맞다. 그러나 위 결론에서는 저녁에는 눈이 올 것이라고 했으므로 제시된 내용을 가지고 저녁의 날씨를 알 수는 없다.
따라서 A는 35세 미만이고 주택을 소유하고 있다는 결론은 참이다.

ANSWER 〉 17.① 18.① 19.② 20.③

| 21~35 | 다음 제시된 전제에 따라 결론을 바르게 추론한 것을 고르시오.

21
- A기업에 다니는 사람은 모두 영어를 잘 한다.
- B어학원에 다니는 사람 중 일부는 A기업에 취직했다.
- 미정이는 B학원에 다녔다.
- 그러므로 _____

① B어학원에 다니는 어떤 사람은 영어를 잘 한다.
② 미정이는 A기업에 취직했다.
③ A기업에 다니는 사람은 모두 B어학원을 다닌다.
④ 미정이는 영어를 잘 한다.

★TIP B어학원에 다니는 사람 중 일부는 A기업에 취직했고, A기업에 다니는 모든 사람은 영어를 잘하므로, 'B어학원에 다니는 어떤 사람은 영어를 잘 한다'는 결론은 반드시 참이 된다.

22
- 어떤 창의적인 사람은 융통성이 없다.
- 어떤 우유부단한 사람은 융통성이 없다.
- 창의적인 사람은 우유부단하지 않다.
- 그러므로 _____

① 융통성이 없는 사람은 창의적이거나 우유부단하다.
② 창의적이지 않은 사람은 우유부단하다.
③ 창의적이면서 동시에 우유부단한 사람은 없다.
④ 우유부단한 사람은 모두 융통성이 없다.

★TIP ③ 창의적인 사람은 우유부단하지 않고, 우유부단한 사람은 창의적이지 않으므로(대우) 창의적이면서 동시에 우유부단한 사람은 없다.

23

- A그룹은 V그룹보다 인기가 있다.
- S그룹은 V그룹보다 인기가 없다.
- K그룹은 S그룹보다 인기가 없다.
- 그러므로 _____

① A그룹은 S그룹보다 인기가 없다.
② V그룹은 K그룹보다 인기가 없다.
③ S그룹은 A그룹보다 인기가 없다.
④ K그룹은 V그룹보다 인기가 있다.

✦ **TIP** 인기도 순서 … A그룹 > V그룹 > S그룹 > K그룹

24

- 존, 미나, 레이첼, 마이클은 4층짜리 빌라에 살고 있다(단, 한 층에 한 명씩 살고 있다).
- 존은 미나보다 두 층 위에 산다.
- 레이첼은 미나보다 한 층 아래에 산다.
- 그러므로 _____

① 레이첼은 존보다 두 층 아래에 산다.
② 마이클은 미나보다 한 층 위에 산다.
③ 존은 마이클보다 두 층 위에 산다.
④ 레이첼은 마이클보다 한 층 아래에 산다.

✦ **TIP** 1층: 레이첼, 2층: 미나, 3층: 마이클, 4층: 존

ANSWER 〉 21.① 22.③ 23.③ 24.②

25
- 비오는 날을 좋아하는 사람은 감성적이다.
- 녹차를 좋아하는 사람은 커피는 좋아하지 않는다.
- 감성적인 사람은 커피를 좋아한다.
- 그러므로 _____

① 커피를 좋아하는 사람은 비오는 날을 좋아한다.
② 비오는 날을 좋아하는 사람은 커피를 좋아한다.
③ 감성적인 사람은 비오는 날을 좋아한다.
④ 녹차를 좋아하는 사람은 이성적일 것이다.

★TIP ② 비오는 날을 좋아하는 사람→감성적인 사람→커피를 좋아하는 사람이라는 결론이 도출된다.

26
- 철수의 볼펜은 검정색이거나 빨간색이다.
- 철수의 볼펜은 빨간색이 아니다.
- 그러므로 _____

① 철수의 볼펜은 빨간색이다.
② 철수의 볼펜은 검정색이다.
③ 모든 볼펜은 검정색이다.
④ 볼펜은 모두 빨간색이다.

★TIP 철수의 볼펜에 관하여 말하므로 ③④번은 아니며, 철수의 볼펜이 검정색과 빨간색 둘 중 하나인데 빨간색이 아니라고 했으므로 철수의 볼펜은 검정색이다.

27
- 은혜, 지영, 세현이는 각각 사과, 포도, 오렌지를 좋아한다.
- 지영이는 오렌지를, 세현이는 사과를 좋아한다.
- 그러므로 _____

① 은혜는 오렌지를 좋아한다.
② 은혜는 포도를 좋아한다.
③ 은혜는 어떤 것도 좋아하지 않는다.
④ 은혜가 무엇을 좋아하는지 알 수 없다.

★TIP ② 은혜, 지영, 세현이는 각각 사과, 포도, 오렌지를 좋아하고, 지영이가 오렌지를, 세현이가 사과를 좋아하므로 은혜는 포도를 좋아함을 알 수 있다.

28
- 어떤 사자는 영어를 잘한다.
- 어떤 호랑이는 영어를 잘한다.
- 모든 호랑이는 수학을 잘한다.
- 그러므로 _____

① 모든 호랑이는 영어를 잘한다.
② 모든 사자는 영어를 잘한다.
③ 어떤 호랑이도 영어를 못한다.
④ 어떤 호랑이는 영어와 수학을 모두 잘한다.

★TIP ④ 모든 호랑이는 수학을 잘하며 어떤 호랑이는 영어를 잘하므로 어떤 호랑이는 수학과 영어를 모두 잘한다.

ANSWER 〉 25.② 26.② 27.② 28.④

29
- 치타는 사자보다 빠르다.
- 퓨마는 사자보다 느리다.
- 그러므로 _____

① 치타가 가장 빠르다.
② 퓨마가 치타보다 빠르다.
③ 퓨마가 사자보다 빠르다.
④ 사자가 퓨마보다 느리다.

❋ **TIP** ① 속도의 빠르기 순서는 치타 > 사자 > 퓨마이므로 치타가 가장 빠르다.

30
- 장미를 좋아하는 사람은 정열적이다.
- 정열적인 사람은 노란색을 좋아한다.
- 그러므로 _____

① 모든 사람이 장미를 좋아하는 것은 아니다.
② 어떤 사람은 노란색을 좋아한다.
③ 장미를 싫어하는 사람은 노란색을 싫어한다.
④ 장미를 좋아하는 사람은 노란색을 좋아한다.

❋ **TIP** ④ 장미를 좋아하는 사람은 정열적이고 정열적인 사람은 노란색을 좋아하므로 장미를 좋아하는 사람은 노란색을 좋아한다.

31
- 미술을 좋아하는 사람은 상상력이 풍부하다.
- 키가 작은 사람은 창의적이다.
- 예술적인 사람은 미술을 좋아한다.
- 그러므로 _____

① 키가 작지 않은 사람은 창의적이지 않다.
② 창의적이지 않은 사람은 상상력이 풍부하지 않다.
③ 미술을 좋아하지 않는 사람은 키가 작다.
④ 상상력이 풍부하지 않은 사람은 예술적이지 않다.

★TIP 상상력이 풍부하지 않은 사람은 미술을 좋아하지 않는다(첫 번째 전제의 대우). → 미술을 좋아하지 않는 사람은 예술적인 사람이 아니다(세 번째 전제의 대우).
∴ 상상력이 풍부하지 않은 사람은 예술적이지 않다.

32
- 유동인구가 많은 거리는 사고가 많이 난다.
- 지하철역사 근처는 사고가 많이 난다.
- 행사가 있는 날은 유동인구가 많아진다.
- 그러므로 _____

① 행사가 있는 날은 사고가 많이 난다.
② 지하철역사 근처는 유동인구가 많다.
③ 유동인구가 많은 날은 행사가 있다.
④ 지하철역사 근처가 아닌 곳은 사고가 많이 나지 않는다.

★TIP 행사가 있는 날은 유동인구가 많아진다. → 유동인구가 많은 거리는 사고가 많이 난다.
∴ 행사가 있는 날은 사고가 많이 난다.

ANSWER 〉 29.① 30.④ 31.④ 32.①

33
> • 개나리를 좋아하는 사람은 감수성이 풍부하다.
> • 진달래를 좋아하는 사람은 예술성이 풍부하다.
> • 감수성이 풍부한 사람은 봄을 탄다.
> • 그러므로 _____

① 진달래를 좋아하는 사람은 감수성이 풍부하다.
② 예술성이 풍부하지 않은 사람은 개나리를 좋아하지 않는다.
③ 봄을 타지 않는 사람은 개나리를 좋아하지 않는다.
④ 감수성이 풍부하지 않은 사람은 진달래를 좋아하지 않는다.

✯ **TIP** 개나리 → 감수성 → 봄을 탄다.

34
> • 만약 지금 바람이 분다면 깃발이 펄럭일 것이다.
> • 지금 깃발이 펄럭이고 있다.
> • 그러므로 _____

① 지금 바람이 불고 있다.
② 지금 바람이 불지 않을 것이다.
③ 조금 전에 바람이 불었다.
④ 지금 바람이 부는지 알 수 없다.

✯ **TIP** ① '바람이 분다면 깃발이 펄럭일 것이다'라고 전제되어 있으므로 지금 바람이 불고 있다.

35

- 준서는 성적이 윤재보다 20점 더 높다.
- 영건이의 점수는 준서보다 10점 낮다.
- 그러므로 _____

① 영건이와 윤재의 점수 차이는 10점이다.
② 윤재의 점수가 가장 높다.
③ 영건이의 점수가 가장 높다.
④ 준서의 점수는 윤재의 점수보다 낮다.

> ★ TIP 준서의 점수 = 윤재의 점수+20점, 영건이의 점수 = 준서의 점수 − 10점
> 그러므로 높은 점수의 순서는 준서 > 영건 > 윤재이며 영건이와 윤재는 10점 차이이다.

36 다음 명제가 모두 참일 때, 추론할 수 있는 내용으로 옳지 않은 것은?

㉠ 사과 수확량이 감소하면, 사과 가격이 상승한다.
㉡ 사과 소비량이 감소하면, 사과 수확량이 감소한다.
㉢ 사과 수확량이 감소하지 않으면, 사과 주스 가격이 상승하지 않는다.

① 사과 주스의 가격이 상승하면, 사과 가격이 상승한다.
② 사과 가격이 상승하지 않으면, 사과 수확량이 감소하지 않는다.
③ 사과 소비량이 감소하지 않으면, 사과 주스 가격이 상승하지 않는다.
④ 사과 수확량이 감소하지 않으면, 사과 소비량이 감소하지 않는다.

> ★ TIP ① 사과 주스의 가격이 상승하면 사과 수확량이 감소하고(㉢의 대우), 그러면 사과 가격이 상승한다(㉠).
> ② 사과 가격이 상승하지 않으면 사과 수확량이 감소하지 않는다(㉠의 대우).
> ④ 사과 수확량이 감소하지 않으면 사과 소비량이 감소하지 않는다(㉡의 대우).

ANSWER 〉 33.③ 34.① 35.① 36.③

37 미진, 장수, 하진이는 다음과 같은 조건대로 과자를 먹기로 했다. 옳지 않은 것은?

> • 미진, 장수, 하진 중 적어도 한 명은 과자를 먹는다.
> • 미진이 과자를 먹지 않고, 장수가 과자를 먹는다면 하진이도 과자를 먹는다.
> • 하진이가 과자를 먹는다면 과자를 먹은 사람은 2명 이상이다.
> • 장수와 하진이 중 적어도 한 명은 과자를 먹지 않는다.

① 미진이가 과자를 먹는다면 장수와 하진이 중 적어도 한 명은 과자를 먹는다.
② 장수가 과자를 먹는다면 미진이도 과자를 먹는다.
③ 하진이가 과자를 먹는다면 미진이도 과자를 먹는다.
④ 미진이는 무조건 과자를 먹는다.

★TIP 미진, 장수, 하진이 과자를 먹는 경우는 다음과 같다.

	경우1	경우2	경우3
미진	먹음	먹음	먹음
장수	안 먹음	먹음	안 먹음
하진	먹음	안 먹음	안 먹음

① 미진이는 과자를 먹고 장수와 하진이는 둘 다 과자를 먹지 않는 경우가 있을 수 있다.

38 다음과 같이 구름다리로 연결된 건물 외벽을 빨간색, 노란색, 초록색, 파란색, 보라색으로 칠하려고 한다. 건물을 칠하는 것에 아래와 같은 조건이 있을 때 옳지 않은 것은?

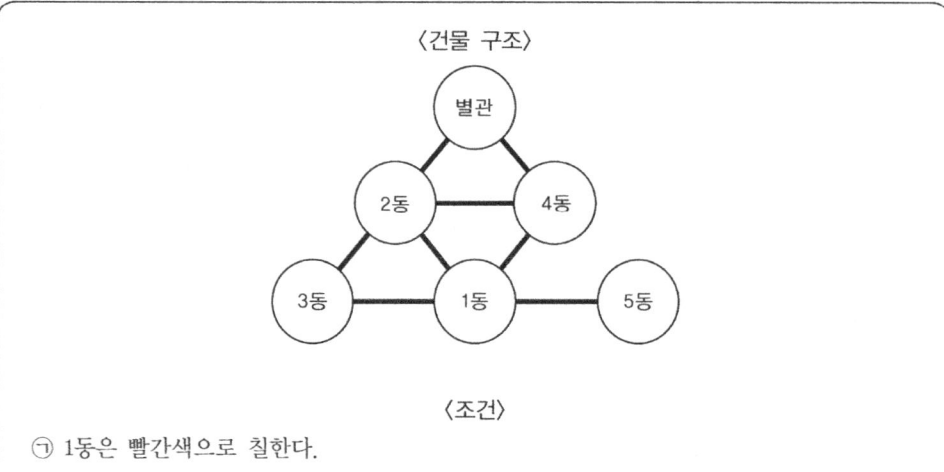

〈조건〉
㉠ 1동은 빨간색으로 칠한다.
㉡ 3동과 별관은 보라색으로 칠한다.
㉢ 구름다리로 연결된 두 동은 같은 색을 칠할 수 없다.
㉣ 파란색과 보라색은 구름다리로 연결된 동끼리 사용할 수 없다.
㉤ 5개의 색이 모두 사용되어야할 필요는 없다.

① 2동이 노란색이면 4동은 초록색이다.
② 5동은 빨간색 이외의 모든 색을 칠할 수 있다.
③ 가능한 방법은 총 8가지이다.
④ 3개의 색을 사용해서 건물을 칠할 수 있다.

★**TIP** ① 2동과 4동은 빨간색과 보라색 건물과 연결되어 있으므로 노란색과 초록색으로 칠해야 한다. 두 동 또한 연결되어 있으므로 2동이 노란색이면 4동은 초록색이어야 한다.
② 5동은 1동에만 연결되어 있으므로 빨간색 이외의 모든 색을 칠할 수 있다
③ ①과 ②에 의해 알 수 있는 내용이다. 2동과 4동을 칠하는 방법은 2개의 경우의 수를 갖고, 5동을 칠하는 방법은 4개의 경우의 수를 가지므로 총 8가지 방법으로 건물을 칠할 수 있다.
④ 2동과 4동은 무조건 노란색과 초록색을 사용해야 하므로 건물은 적어도 4개의 색을 사용해서 칠할 수 있다.

ANSWER 〉 37.① 38.④

39 A, B, C, D가 시장에서 네 종류의 과일을 샀다. 그에 대한 사실이 다음과 같을 때, 추론한 것으로 반드시 참인 것은?

> - A는 사과, C는 포도, D는 딸기를 샀다.
> - B는 귤을 사지 않았다.
> - A가 산 과일은 B도 샀다.
> - A와 C는 같은 과일을 사지 않았다.
> - A, B, C, D는 각각 2종류 이상의 과일을 샀다.

① B는 사과를 사지 않았다.
② B와 C가 공통으로 산 과일이 있다.
③ C는 사지 않았지만 D가 산 과일이 있다.
④ 3명이 공통으로 산 과일은 없다.

> ★ TIP ③ 네 종류의 과일 중 A, B, C, D는 각각 2종류 이상의 과일을 샀고 A와 C는 같은 과일을 사지 않았으므로 A와 C는 각 2종류씩의 과일을 샀다. A는 귤을 사지 않았으므로(B가 사지 않은 과일은 A도 사지 않았다, 세 번째 사실의 대우) <u>C는 포도와 귤을 샀다.</u> C는 딸기를 사지 않았지만 D는 딸기를 샀다. 따라서 ③이 옳은 문장이 된다.

40 갑, 을, 병, 정이 있다. 각각의 위치가 다음과 같을 때 반드시 참인 것은?

> - 갑은 을의 앞에 있다.
> - 병은 갑의 뒤에 있다.
> - 정은 을 뒤에 있다.

① 정은 가장 뒤에 있다.   ② 병은 정 앞에 있다.
③ 을은 병보다 앞에 있다.   ④ 갑이 가장 앞에 있다.

> ★ TIP ①②③ 병이 을과 정 앞에 있을 수도 있고, 사이에 있을 수도 있다. 또한, 가장 뒤에 있을 수도 있으므로 을, 병, 정의 위치는 주어진 조건만으로는 파악할 수 없다.
> ④ 주어진 조건으로는 '갑 > 을 > 정, 갑 > 병'만 알 수 있다. 이를 통해 갑이 을, 정, 병보다 앞에 있음을 확인할 수 있다.

41 갑, 을, 병, 정, 무 다섯 사람은 같은 나라에 사는 귀족과 평민이다. 이 중 두 사람은 귀족이고 세 사람은 평민인데 귀족은 항상 거짓말만하고 평민은 항상 진실만을 말한다. 다음 중 평민인 사람을 모두 고르면?

> 갑: 정이 평민이면, 병도 평민이다.
> 을: 병이 귀족이면, 정도 귀족이다.
> 병: 무가 평민이면, 정도 평민이다.
> 정: 나는 평민이다.
> 무: 정은 귀족이다.

① 갑, 을, 병
② 갑, 을, 무
③ 갑, 병, 정
④ 을, 병, 정

★TIP ㉠ 정과 무의 발언이 상반되므로 두 사람의 신분은 다르다.
㉡ 갑과 을의 발언은 사실상 같은 말이므로 두 사람의 신분은 같다.
㉢ ㉠과 ㉡에 의해 갑과 을은 무조건 평민이고 병은 귀족이다.
㉣ 정이 평민인 경우 갑과 을의 발언에 의해 병도 평민이 되는데 이는 ㉢과 모순이므로 정은 귀족이다.
∴ 평민은 갑, 을, 무이고, 귀족은 병과 정이다.

42 대리, 부장, 과장, 평사원 5명이 아래의 순서대로 서 있다면 다음 중 참인 것은?

> • 과장은 노란 넥타이를 매고 있으며, 뒤에는 평사원 한 명 밖에 없다.
> • 부장은 평사원 2명의 바로 뒤에 있으며, 대리는 부장 뒤에 있다.
> • 대리는 노란 넥타이를 맨 사람 보다 앞에 있으며 뒤에는 총 세 명의 평사원이 있다.

① 대리 바로 뒤에 세 명의 평사원이 있다.
② 과장은 대리보다 앞에 있다.
③ 과장 앞에는 총 2명의 평사원이 있다.
④ 첫 번째와 마지막에 서 있는 사람은 모두 평사원이다.

★TIP 보기에 의하면 평사원 2명, 부장, 대리, 평사원 2명, 과장, 평사원 순으로 서 있다.
① 세 번째 조건에 의하면 대리 뒤에 과장이 있고, 첫 번째 조건에 의하면 과장 바로 뒤에 평사원 한 명이 있으므로 세 번째 조건에 의해 대리 뒤에 평사원이 총 세 명이 있어도, 대리 바로 뒤에 있는 평사원은 두 명이다.
② 과장은 대리 뒤에 있다.
③ 과장 바로 앞은 2명이지만 총 4명의 평사원이 과장 앞에 서있다.

ANSWER 〉 39.③ 40.④ 41.② 42.④

43 다음 중 A, B, C, D가 일정한 간격으로 원탁에 마주보고 둘러앉아 있을 때 참인 것은?

- A는 B의 정면에 있다.
- D는 B의 왼쪽에 있다.
- A는 C의 오른쪽에 있다.

① C는 B의 오른쪽에 있다.　　② D는 A의 왼쪽에 있다.
③ B는 C의 오른쪽에 있다.　　④ A는 C의 왼쪽에 있다.

✯ **TIP**　A, B, C, D의 위치

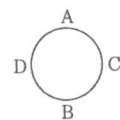

44 '총기허가증이 없으면, 사냥총을 사용할 수 없다.'는 규칙이 잘 지켜지고 있는지를 알아내기 위해 꼭 조사해야 하는 두 사람을 고르면?

- 갑 : 총기허가증이 없음, 사냥총 사용 여부를 알지 못함
- 을 : 총기허가증이 있는지 알 수 없음, 사냥총을 사용하고 있음
- 병 : 총기허가증이 있는지 알 수 없음, 사냥총을 사용하고 있지 않음
- 정 : 총기허가증이 있음, 사냥총 사용 여부를 알지 못함

① 갑, 을　　② 갑, 병
③ 을, 병　　④ 을, 정

✯ **TIP**　갑 : 총기허가증이 없으므로 사냥총을 사용해서는 안 된다. 사냥총 사용 여부를 조사해야 한다.
을 : 사냥총을 사용하고 있으므로 총기허가증이 꼭 있어야 한다. 총기허가증의 유무를 조사해야 한다.
병 : 사냥총을 사용하고 있지 않으므로 총기허가증이 있는지 확인하지 않아도 된다.
정 : 총기허가증이 있으므로 사냥총을 사용해도 된다.

45 J회사에서 신제품 음료에 대한 블라인드 테스트를 진행하였다. 테스트에 응한 직원 30명은 음료 A, B, C에 대해 1~3순위를 부여하였는데 그에 대한 결과가 다음과 같을 때, C에 3순위를 부여한 사람의 수는? (단, 두 개 이상의 제품에 같은 순위를 부여할 수 없다)

> ㉠ A를 B보다 선호하는 사람은 18명이다.
> ㉡ B를 C보다 선호하는 사람은 25명이다.
> ㉢ C를 A보다 선호하는 사람은 10명이다.
> ㉣ C에 1순위를 부여한 사람은 없다.

① 12명 ② 13명
③ 14명 ④ 15명

★ **TIP** C에 1순위를 부여한 사람은 없으므로 가능한 순위 조합은 (A-B-C), (A-C-B), (B-A-C), (B-C-A)이다.
㉡ (A-B-C)∪(B-A-C)∪(B-C-A)=25 ∴ (A-C-B)=5
㉠ (A-B-C)∪(A-C-B)=18 ∴ (A-B-C)=13
㉢ (B-C-A)=10 ∴ (B-A-C)=2
∴ C에 3순위를 부여한 사람은 15명이다.

46 철수, 영이, 미경, 철이가 회의장에 입장한 순서를 파악하였더니 다음과 같은 사항을 알게 되었다. 다음 중 네 번째로 회의에 참석한 사람은 누구인가?

> • 철수보다 일찍 온 사람은 두 명이다.
> • 미경보다 철이가 일찍 도착했다.
> • 철수는 영이보다 늦게 도착했다.

① 철이 ② 영이
③ 미경 ④ 철수

★ **TIP** 철이, 영이, 철수, 미경 혹은 영이, 철이, 철수 미경의 순으로 도착하였다.
따라서 네 번째로 회의에 참석한 사람은 미경이다.

ANSWER 〉 43.① 44.① 45.④ 46.③

47 거짓만을 말하는 사람들이 사는 나라 A와 참만을 말하는 사람들이 사는 나라 B가 있다고 가정할 때, 다음 사람들 중에서 B국 사람은 누구인가? (단, B국 사람은 한 명이다)

> - 갑 : 을이 하는 말은 모조리 사실이야. 믿을 수 있어.
> - 을 : 나는 태어나서 거짓말을 해본 적이 한 번도 없어.
> - 병 : 너 지금 거짓말 하고 있어, 을.
> - 정 : 병, 너야말로 지금 거짓말 하고 있잖아.

① 갑
② 을
③ 병
④ 정

★TIP 갑이 거짓을 말한다고 가정하면 을 역시 거짓을 말하는 것이고 따라서 병은 진실, 정은 거짓을 말하는 것이 된다. 또, 갑이 참을 말한다고 가정하면 갑, 을, 정이 참, 병은 거짓을 말하는 것이 된다. 조건에서 B국 사람은 한 명이라고 했으므로 참을 말한 B국 사람은 병이다.

48 A조의 갑, 을, 병, 정과 B조의 무, 기, 경, 신이 어느 법령에 대한 찬반토론을 하고 있다. 8명 중 4명은 찬성, 4명은 반대한다. 이들의 찬반 성향이 다음과 같을 때 반드시 참인 것은?

> - 무와 기 중 적어도 한 사람은 반대한다.
> - 을이 찬성하면 병과 정은 반대한다.
> - 기와 경의 의견은 언제나 같다.
> - 을이 찬성하면 기와 경도 찬성하고, 기와 경이 모두 찬성하면 을도 찬성한다.
> - 신이 찬성하면 갑도 찬성하고, 신이 반대하면 무도 반대한다.

① 을이 찬성하면 갑은 찬성한다.
② 을이 찬성하면 무는 찬성한다.
③ 을이 찬성하면 신은 찬성한다.
④ 을이 반대하면 갑은 반대한다.

★TIP ① 을이 찬성한다면 병과 정은 반대하고, 기와 경은 찬성한다. 또 신이 찬성이라면 갑도 찬성인데 그렇게 되면 찬성 인원이 4명보다 많아지므로 신은 반대하고, 무도 반대하므로 갑은 찬성이 된다.

A조	갑	을	병	정
	찬성	찬성	반대	반대
B조	무	기	경	신
	반대	찬성	찬성	반대

49 갑, 을, 병, 정의 네 나라에 대한 다음의 조건으로부터 추론할 수 있는 것은?

> ㉠ 이들 나라는 시대 순으로 연이어 존재했다.
> ㉡ 네 나라의 수도는 각각 달랐는데 관주, 금주, 평주, 한주 중 어느 하나였다.
> ㉢ 한주가 수도인 나라는 평주가 수도인 나라의 바로 전 시기에 있었다.
> ㉣ 금주가 수도인 나라는 관주가 수도인 나라의 바로 다음 시기에 있었으나, 정보다는 이전 시기에 있었다.
> ㉤ 병은 가장 먼저 있었던 나라는 아니지만, 갑보다는 이전 시기에 있었다.
> ㉥ 병과 정은 시대 순으로 볼 때 연이어 존재하지 않았다.

① 금주는 갑의 수도이다.　　　② 관주는 병의 수도이다.
③ 평주는 정의 수도이다.　　　④ 을은 갑의 다음 시기에 존재하였다.

★ TIP　㉢㉣에 의해 관주-금주-한주-평주 순서임을 알 수 있다. 그리고 ㉣㉤㉥에 의해 을-병-갑-정의 순서임을 알 수 있다.

50 재오, 상원, 기찬, 미란, 장미, 민정 여섯 명이 심부름을 가는 사람을 정하는데 다음의 조건을 모두 지켜야 한다. 심부름을 할 사람을 바르게 짝지은 것은?

> ㉠ 재오와 기찬이가 심부름을 가면 미란이도 심부름을 간다.
> ㉡ 미란이와 장미 중 한 명이라도 심부름을 가면 민정이도 심부름을 간다.
> ㉢ 민정이가 심부름을 가면 기찬이와 상원이도 심부름을 간다.
> ㉣ 상원이가 심부름을 가면 민정이는 심부름을 가지 않는다.
> ㉤ 기찬이가 심부름을 가면 민정이도 심부름을 간다.

① 재오, 상원　　　② 재오, 기찬
③ 상원, 장미　　　④ 기찬, 민정

★ TIP　㉢의 조건에 의해 민정이가 심부름을 가면 상원이는 심부름을 가게 되는데 이는 ㉣의 조건과 모순이 생기므로 민정이는 심부름을 가지 않는다. 따라서 민정이가 심부름을 가게 되는 조건을 모두 배제하면 함께 심부름을 갈 수 있는 조합은 재오, 상원뿐이다.

ANSWER > 47.③　48.①　49.③　50.①

03 응용수리력

CHAPTER

1 A와 B가 함께 일하면 6일 걸리는 일을 A가 3일 일하고 나머지는 B가 8일 걸려 완성하였다. 같은 작업을 B가 혼자 일하면 며칠이 걸리겠는가?

① 10일 ② 11일
③ 12일 ④ 13일

★ **TIP** 전체 일의 양을 1이라 하고, A, B가 하루 동안 할 수 있는 일의 양을 각각 x, y라 하면
$\begin{cases} 6(x+y)=1 \\ 3x+8y=1 \end{cases}$ 에서 B가 하루 동안 할 수 있는 일의 양은 전체 일의 $\frac{1}{10}$ 이므로,
B 혼자 일하면 10일이 걸린다.

2 민수라면 12일, 철수라면 20일로 끝낼 수 있는 일이 있다. 이 일을 민수와 철수가 함께 6일 일했다면 전체 일의 몇 %가 끝나고 있는가?

① 60% ② 70%
③ 80% ④ 90%

★ **TIP** 민수의 하루 일의 양은 $\frac{1}{12}$, 철수의 하루 일의 양은 $\frac{1}{20}$

둘이 할 때의 하루 일의 양은 $\frac{1}{12}+\frac{1}{20}=\frac{8}{60}$

6일 일했으므로 $\frac{8}{60} \times 6 = \frac{8}{10}$

∴ 전체 일의 $\frac{8}{10}$ 만큼 일했으므로 80%가 된다.

3 합창 단원 선발에 지원한 남녀의 비가 3:5이다. 응시결과 합격자 가운데 남녀의 비가 2:3이고, 불합격자 남녀의 비는 4:7이다. 합격자가 160명이라고 할 때, 여학생 지원자의 수는 몇 명인가?

① 300명
② 305명
③ 310명
④ 320명

★ TIP

구분	합격자	불합격자	지원자 수
남자	$2a$	$4b$	$2a+4b$
여자	$3a$	$7b$	$3a+7b$

합격자가 160명이므로 $5a=160 \Rightarrow a=32$
$3:5=(2a+4b):(3a+7b)$
$\Rightarrow 5(2a+4b)=3(3a+7b)$
$\Rightarrow a=b=32$
따라서 여학생 지원자의 수는 $3a+7b=10a=320$(명)이다.

4 10%의 소금물 100g에 물을 첨가하여 8%의 소금물을 만들었다. 추가된 물의 양은 얼마인가?

① 20g
② 25g
③ 30g
④ 35g

★ TIP 첨가한 물의 양을 x라 할 때,
$$\frac{10}{100+x} \times 100 = 8$$
$\therefore x=25(g)$

ANSWER ▷ 1.① 2.③ 3.④ 4.②

5 두 자리의 자연수가 있다. 십의 자리의 숫자의 2배는 일의 자리의 숫자보다 1이 크고, 십의 자리의 숫자와 일의 자리의 숫자를 바꾼 자연수는 처음 수보다 9가 크다고 한다. 이를 만족하는 자연수는?

① 11　　　　　　　　　　　② 23
③ 35　　　　　　　　　　　④ 47

★TIP 두 자리 자연수를 $10a+b$라 하면 주어진 문제에 따라 다음이 성립한다.
$$\begin{cases} 2a = b+1 \\ 10b+a = (10a+b)+9 \end{cases} \Rightarrow \begin{cases} 2a-b=1 \\ 9a-9b=-9 \end{cases} \Rightarrow \begin{cases} 18a-9b=9 \\ 9a-9b=-9 \end{cases} \Rightarrow a=2,\ b=3$$
따라서 구하는 두 자리 자연수는 $10a+b=23$이다.

6 눈이 온 다음날 눈이 올 확률은 20%, 눈이 오지 않은 날의 다음날 눈이 올 확률은 75%일 때, 수요일에 눈이 내렸다고 하면 그 주 금요일에 눈이 오지 않을 확률은?

① $\dfrac{2}{21}$　　　　　　　　　② $\dfrac{3}{4}$
③ $\dfrac{9}{25}$　　　　　　　　　④ $\dfrac{4}{15}$

★TIP 눈이 온 다음날 눈이 올 확률은 $\dfrac{20}{100}=\dfrac{1}{5}$이므로 눈이 온 다음날 눈이 오지 않을 확률은 $\dfrac{4}{5}$이다.

눈이 오지 않은 다음날 눈이 올 확률은 $\dfrac{75}{100}=\dfrac{3}{4}$이므로, 연속해서 눈지 오지 않을 확률은 $\dfrac{1}{4}$이다.

수요일 눈 옴	목요일 눈 옴	금요일 눈 안 옴
	목요일 눈 안 옴	금요일 눈 안 옴

$\dfrac{1}{5} \times \dfrac{4}{5} = \dfrac{4}{25}$

$\dfrac{4}{5} \times \dfrac{1}{4} = \dfrac{1}{5}$

$\therefore \dfrac{4}{25} + \dfrac{1}{5} = \dfrac{9}{25}$

7 180원의 배와 210원의 사과를 합쳐서 10개 사고, 금액이 2,000원 이하로 할 때 사과는 최대 몇 개까지 살 수 있는가?

① 5개 ② 6개
③ 7개 ④ 8개

★ **TIP** 사과의 개수를 x라 하면 $180(10-x)+210x \leq 2,000$
$x \leq 6\frac{2}{3}$이므로 사과는 6개까지 살 수 있다.

8 A%의 설탕물 Bg에 설탕 Cg을 넣을 경우 농도는 얼마인가?

① $\dfrac{AB+100C}{B+C}$ ② $\dfrac{100ABC}{B+C}$

③ $\dfrac{(A+B+C)100}{B}$ ④ $\dfrac{AC+BC}{B+C}$

★ **TIP** A%의 설탕물 Bg의 설탕 양은 $\dfrac{A}{100} \times B = \dfrac{AB}{100}$이며,
Cg의 설탕을 더 넣은 설탕물의 농도는 $\dfrac{AB+100C}{B+C}$이다.

9 정아와 민주가 계단에서 가위바위보를 하는데, 이긴 사람은 2계단을 올라가고, 진 사람은 1계단을 내려간다고 한다. 두 사람이 가위바위보를 하여 처음보다 정아는 14계단, 민주는 5계단을 올라갔을 때, 민주는 몇 번 이겼는가? (단, 비기는 경우는 없다.)

① 7회 ② 8회
③ 10회 ④ 11회

★ **TIP** 정아가 이긴 횟수를 x, 민주가 이긴 횟수를 y라 하면
$\begin{cases} 2x-y=14 & \cdots \text{㉠} \\ 2y-x=5 & \cdots \text{㉡} \end{cases}$ ⇒ ㉠+㉡×2를 계산하면 $3y=24 \Rightarrow y=8$
따라서 민주가 이긴 횟수는 8회이다.

ANSWER 5.② 6.③ 7.② 8.① 9.②

10 직선을 따라 1분에 2m씩 움직이는 물체 A와 1분에 3m씩 움직이는 물체 B가 있다. 물체 A가 원점 O를 출발한지 2분 후에 같은 장소인 원점에서 A가 움직인 방향으로 물체 B가 움직이기 시작했다. A와 B가 서로 만나는 것은 A가 출발한지 몇 분 후인가?

① 3분 　　　　　　　　　　② 4분
③ 5분 　　　　　　　　　　④ 6분

★ **TIP** A가 출발한 지 x분 후의 위치를 y라 하면 A는 $y=2x$, B는 $y=3(x-2)$를 만족한다.
서로 만나는 것은 위치가 같다는 뜻이므로 $2x=3(x-2)$
∴ $x=6$(분)

11 영민이는 현미경으로 세포 A를 관찰하고 있었다. A세포는 30분마다 3배로 분열하는 세포인데, 관찰시작 후 55분 후에 영민이가 실수하여 관찰하고 있던 세포의 $\frac{1}{3}$이 줄었다. 처음 하나의 세포를 관찰한 후 3시간 후에는 몇 개의 세포가 관찰되는가?

① 252개 　　　　　　　　　② 367개
③ 486개 　　　　　　　　　④ 520개

★ **TIP** 시간에 따른 세포분열수를 세어보면, 처음에 1개, 30분 후에 3개,
55분 후에 $\frac{1}{3}$이 줄었으므로 2개, 60분 후에 6개 … 180분 후에는 486개가 된다.

12 영수는 책 1권을 읽는데 2시간 34분이 소요된다. 하루에 7시간씩 30일이면 몇 권의 책을 전부 읽을 수 있겠는가?

① 81권 　　　　　　　　　　② 86권
③ 91권 　　　　　　　　　　④ 96권

★ **TIP** $1 : 154(분) = x : 7 \times 30 \times 60(분)$
$x = \frac{7 \times 30 \times 60}{154} ≒ 81.8$
∴ 81권의 책을 읽을 수 있다.

|13~14| 다음 질문에 알맞은 답을 고르시오.

> 어떤 작업을 1시간으로 끝내는 데에 기계 A만으로라면 8대, 기계 B만으로라면 12대의 가동이 필요하다.

13 이 작업을 기계 A 1대와 기계 B 3대를 동시에 가동시켜서 작업할 경우 절반의 작업을 끝내는 데에 몇 분 걸리는가?

① 30분　　　　　　　　② 50분
③ 70분　　　　　　　　④ 80분

★TIP 1시간 동안 기계 A 1대의 일의 양은 $\frac{1}{8}$, B 기계 1대의 일의 양은 $\frac{1}{12}$

기계 A 1대, 기계 B 3대이므로 일의 양은 $\frac{1}{8}+\frac{3}{12}=\frac{3}{8}$

걸리는 시간을 x라 할 때 전체 일의 50%일 때를 계산하면,

$\frac{3}{8}x=\frac{5}{10}$, $x=\frac{4}{3}$(시간)

∴ $\frac{4}{3}\times 60=80$(분)

14 이 작업을 1시간에 끝내고자 한다. 기계 A를 6대만 가동한다면 필요한 기계 B는 몇 대인가?

① 3대　　　　　　　　② 4대
③ 5대　　　　　　　　④ 6대

★TIP 필요한 기계 B의 대수를 x라 할 때,

$\frac{1}{8}\times 6+\frac{1}{12}\times x=1$

$\frac{9}{12}+\frac{1}{12}x=1$

∴ $x=3$

기계 B는 3대가 필요하다.

ANSWER 〉 10.④　11.③　12.①　13.④　14.①

15 두 사람의 작업자가 어떤 일을 하는데, A는 숙련자이기 때문에 X시간이 걸리지만, B는 비숙련자이기 때문에 Y시간이 걸린다고 할 때 두 사람이 그 일을 가장 짧은 시간에 끝내기 위해서 같이 일을 한다면 몇 분만에 끝마칠 수 있겠는가?

① $\dfrac{XY}{X+Y}+30(X+Y)$ ② $30(X+Y)$

③ $\dfrac{X^2+2XY+Y^2}{XY}$ ④ $\dfrac{60XY}{X+Y}$

★TIP 분당 A의 일의 양은 $\dfrac{1}{60X}$, 분당 B의 일의 양은 $\dfrac{1}{60Y}$ 이므로

A와 B가 함께 일한다면 $\dfrac{1}{60X}+\dfrac{1}{60Y}=\dfrac{X+Y}{60XY}$ 이다.

∴ 걸린 시간은 $\dfrac{1}{\frac{X+Y}{60XY}}=\dfrac{60XY}{X+Y}$

16 2009년 현재 우리나라의 연간 용수 공급량은 X톤이며, 용수 수요량은 Y톤이라고 한다. 그러나, 용수 공급량은 매년 A톤씩 감소하는 반면에, 용수 수요량은 매년 B톤씩 증가한다고 할 때, 용수 공급량이 용수 수요량보다 부족하여 물 부족이 예상되는 시기는 앞으로 몇 년 후인가?

① $\dfrac{X-Y}{A+B}$ ② $\dfrac{X-Y}{B}$

③ $\dfrac{X-Y}{A}$ ④ $\dfrac{X+Y}{A+B}$

★TIP 수요량과 공급량이 같아지는 때를 구하여야 하므로 구하고자 하는 연도를 a라 하면
$(aB+Y)-(X-aA)=0$
$a(B+A)=X-Y$
∴ $a=\dfrac{X-Y}{(A+B)}$

17 길이가 Xm인 기차가 Ym인 다리에 진입하여 완전히 빠져나갈 때까지 걸리는 시간이 10초일 때, 기차의 속도는? (단, 기차의 속도는 일정하다.)

① $\dfrac{X+Y}{36}$km/h ② $\dfrac{2X+Y}{36}$km/h

③ $\dfrac{9(X+Y)}{25}$km/h ④ $\dfrac{9(2X+Y)}{25}$km/h

> ★TIP 길이가 Xm인 기차가 Ym인 다리에 진입하여 완전히 빠져나갈 때까지의 거리는 $(X+Y)$m이고, 속도=$\dfrac{거리}{시간}$이므로 기차의 속도를 구하는 식은 다음과 같다.
>
> $$\dfrac{(X+Y)\text{m}}{10\text{s}} = \dfrac{\left\{\dfrac{X+Y}{1000}\right\}\text{km}}{\dfrac{10}{3600}\text{h}} = \dfrac{9(X+Y)}{25}\text{km/h}$$

18 A, B, C 세 사람이 한 시간 동안 일을 하는데, A와 B가 함께 일을 하면 X개의 제품을 생산하고, A와 C가 함께 일을 하면 Y개의 제품을 생산하며, B와 C가 함께 일을 하면 Z개의 제품을 생산한다고 한다. A, B, C가 같이 일을 한다면 한 시간 동안 생산하는 제품의 수는?

① $X+Y+Z$ ② $\dfrac{(X+Y+Z)}{2}$

③ $\dfrac{(X+Y+Z)}{3}$ ④ $\dfrac{(2X+2Y+2Z)}{3}$

> ★TIP 주어진 조건에 따라 작업량을 구해보면
> $A+B=X,\ A+C=Y,\ B+C=Z$
> $X+Y+Z=A+B+A+C+B+C$
> $X+Y+Z=2(A+B+C)$
> $\therefore A+B+C = \dfrac{X+Y+Z}{2}$

ANSWER 〉 15.④ 16.① 17.③ 18.②

19 정훈 혼자로는 30일, 정민 혼자로는 40일 걸리는 일이 있다. 둘은 공동 작업으로 일을 시작했으나, 중간에 정훈이가 쉬었기 때문에 끝마치는 데 24일이 걸렸다면 정훈이가 쉬었던 기간은?

① 6일
② 12일
③ 15일
④ 17일

★ TIP 하루 당 정훈이가 하는 일의 양은 $\frac{1}{30}$, 하루 당 정민이가 하는 일의 양은 $\frac{1}{40}$

정민이는 계속해서 24일간 일 했으므로 정민의 일의 양은 $\frac{1}{40} \times 24$

$1 - \frac{24}{40} = \frac{16}{40}$ 이 나머지 일의 양인데 정훈이가 한 일이므로

나머지 일을 하는데 정훈이가 걸린 시간은 $\frac{16}{40} \div \frac{1}{30} = 12$

∴ 정훈이가 쉬었던 날은 24 − 12 = 12(일)

20 인터넷 사이트에 접속하여 초당 1.5MB의 속도로 파일을 내려 받는 데 총 12분 30초가 걸렸다. 파일을 내려 받는 데 걸린 시간은 인터넷 사이트에 접속하는 데 걸린 시간의 4배일 때, 내려 받은 파일의 크기는?

① 500MB
② 650MB
③ 900MB
④ 1GB

★ TIP (파일을 내려 받는 데 걸린 시간) : (인터넷 사이트에 접속하는 데 걸린 시간) = 4 : 1
12분 30초는 750초이므로
(파일을 내려 받는 데 걸린 시간) = $750 \times \frac{4}{5} = 600$(초)
따라서 내려 받은 파일의 크기는 $1.5 \times 600 = 900$(MB)

21 10%의 소금물과 5%의 소금물을 섞어 8%의 소금물 300g을 만들려고 한다. 10%의 소금물과 5%의 소금물의 무게는 각각 얼마만큼씩 필요한가?

	10%	5%
①	190g	110g
②	180g	120g
③	170g	130g
④	160g	140g

★ **TIP** 10%의 소금물의 무게를 x, 5%의 소금물의 무게를 $300-x$라고 할 때,
$$\frac{0.1x + 0.05(300-x)}{300} = \frac{8}{100}$$
$x = 180$
∴ 10% 소금물 180g, 5% 소금물 120g을 섞으면 8% 소금물 300g을 만들 수 있다.

22 두 가지 메뉴 A, B를 파는 어느 음식점에서 지난주에 두 메뉴를 합하여 1000명분을 팔았다. 이번 주에는 지난주에 비하여 A 메뉴는 판매량이 5% 감소하고, B 메뉴는 10% 증가하여 전체적으로 4% 증가하였다. 이번 주에 판매된 A 메뉴는 몇 명분인가?

① 360명 ② 380명
③ 400명 ④ 420명

★ **TIP** 지난 주 판매된 A 메뉴를 x, B 메뉴를 y라 하면
$$\begin{cases} x + y = 1000 \\ x \times (-0.05) + y \times 0.1 = 1000 \times 0.04 \end{cases}$$
두 식을 연립하면 $x = 400$, $y = 600$
따라서 이번 주에 판매된 A 메뉴는 $x \times 0.95 = 400 \times 0.95 = 380$명분이다.

ANSWER ▶ 19.② 20.③ 21.② 22.②

23 규민이 혼자 6일, 영태 혼자 10일에 끝낼 수 있는 일이 있다. 이 일을 규민이와 영태가 함께 며칠 일하면 전체의 80%의 일을 하겠는가?

① 2일　　　　　　　　　　② 3일
③ 4일　　　　　　　　　　④ 5일

> ★TIP 규민이의 하루 일의 양은 $\frac{1}{6}$, 영태의 하루 일의 양은 $\frac{1}{10}$
>
> 둘이 함께 할 때 하루 일의 양 $\frac{1}{6}+\frac{1}{10}=\frac{8}{30}$
>
> 일하는 일수를 x라 하면 $\frac{8}{30}x=\frac{8}{10}$
>
> ∴ $x=\frac{8}{10}\times\frac{30}{8}=3$(일)

24 일정한 속력으로 달리는 버스가 Am의 터널을 통과하는데 5초 걸리고, Bm의 철교를 지나는데 9초가 걸린다. 이때 버스의 길이는?

① $\frac{A+B}{13}$　　　　　　　② $\frac{5(A+B)}{4}$

③ $\frac{5B-9A}{4}$　　　　　　④ $\frac{9B-5A}{4}$

> ★TIP 버스의 길이를 xm라 할 때, 버스가 터널을 통과할 때 가는 거리는 $(x+A)$m이고, 철교를 지날 때 가는 거리는 $(x+B)$이다.
>
> ㉠ 터널을 지날 때의 속력: $\frac{x+A}{5}$(m)
>
> ㉡ 철교를 지날 때의 속력: $\frac{x+B}{9}$(m)
>
> 버스의 속력이 일정하므로 $\frac{x+A}{5}$(m) $=\frac{x+B}{9}$(m)
>
> ∴ $x=\frac{5B-9A}{4}$

25 영희는 낮 12시에 약속이 있었지만 전날의 과로로 계속해서 잠을 자게 되었다. 민수가 기다리다가 12시부터 10분마다 전화를 했다면 1시 20분까지는 전화벨이 몇 번 울렸는가?

① 7번 ② 9번
③ 11번 ④ 13번

★ TIP 12시부터 1시 20분까지는 80분이며 10분 간격으로 전화벨이 울린다. 처음 12시에 1번 울리고 이후에 8번이 울리므로 총 9번이 울린다.

26 한 사람이 자동차를 운전하고 Akm의 거리에 있는 X지점까지 Bkm/h의 속도로 갔다가 다시 원래의 지점으로 Ckm/h의 속도로 돌아왔다. 이 사람이 X지점까지 갔다가 돌아오는데 걸린 시간은?

① $\dfrac{ABC}{B+C}$ ② $\dfrac{A(B+C)}{BC}$
③ $\dfrac{B+C}{A}$ ④ $\dfrac{2A}{BC}$

★ TIP Bkm/h의 속도로 X지점까지 걸린 시간은 $\dfrac{A}{B}$

Ckm/h의 속도로 X지점에서 돌아온 시간은 $\dfrac{A}{C}$

총 걸린시간은 $\dfrac{A}{B}+\dfrac{A}{C}=\dfrac{AC+AB}{BC}=\dfrac{A(B+C)}{BC}$

27 민희는 휴대폰 요금을 10초당 15원인 요금제도를 사용하고 있다. 하루에 쓰는 통화요금이 1,800원이라고 할 때 새해 첫날인 1월 1일부터 사용한 누적시간이 1,500분이 되는 때는 언제인가?

① 2월 12일 ② 3월 16일
③ 4월 18일 ④ 5월 20일

★ TIP 휴대폰 요금이 1분당 90원이므로 하루 통화요금이 1,800원이면 20분 쓰는 것이 된다.
하루에 20분씩 사용하므로 사용누적시간이 1,500분이 되는 때는 1,500÷20=75(일)
1월은 31일, 2월은 28일까지 있으므로 75일이 되는 날짜를 x라 하면
$31+28+x=75$, $x=16$
사용누적시간이 1,500분이 되는 때는 3월 16일이 된다.

ANSWER ▷ 23.② 24.③ 25.② 26.② 27.②

28 어떤 시각에 시작하는 회의에 A, B, C, D 4명이 모였다. A는 B보다 10분 일찍 도착했지만, C보다는 4분 늦게 도착했다. D는 B보다 5분 일찍 도착해서 회의가 시작되는 시각까지는 아직 15분의 여유가 있었다면 C는 회의가 시작되는 몇 분 전에 도착했겠는가?

① 20분 전 ② 24분 전
③ 30분 전 ④ 35분 전

★TIP A는 B보다 10분 일찍 도착했지만 C보다는 4분 늦게 도착했다.

D는 B보다 5분 일찍 도착했고 회의 시작 전까지 15분의 여유가 있었다.

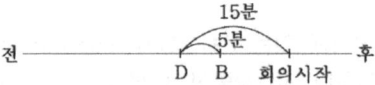

A, B, C, D의 도착 시간을 나열하면

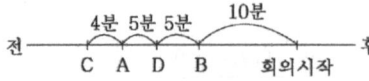

∴ C는 24분 전에 도착했다.

29 페인트 한 통과 벽지 5묶음으로 $51\mathrm{m}^2$의 넓이를 도배할 수 있고, 페인트 한 통과 벽지 3묶음으로는 $39\mathrm{m}^2$를 도배할 수 있다고 한다. 이때, 페인트 2통과 벽지 2묶음으로 도배할 수 있는 넓이는?

① $45\mathrm{m}^2$ ② $48\mathrm{m}^2$
③ $51\mathrm{m}^2$ ④ $54\mathrm{m}^2$

★TIP 페인트 한 통으로 도배할 수 있는 넓이를 $x\mathrm{m}^2$,
벽지 한 묶음으로 도배할 수 있는 넓이를 $y\mathrm{m}^2$라 하면
$\begin{cases} x+5y=51 \\ x+3y=39 \end{cases}$ 이므로 두 식을 연립하면 $2y=12 \Rightarrow y=6$, $x=21$
따라서 페인트 2통과 벽지 2묶음으로 도배할 수 있는 넓이는
$2x+2y=42+12=54(\mathrm{m}^2)$이다.

30 어떤 종이에 색깔을 칠하는데, 녹색은 종이 전체의 3분의 1을 칠하고 분홍색은 종이 전체의 45%만큼 칠하며 어떤 색도 칠하지 않은 넓이는 전체의 32%가 되었다. 녹색과 분홍색이 겹치게 칠해진 부분이 27.9cm²일 때, 전체 종이의 넓이는?

① 260cm² ② 270cm²
③ 310cm² ④ 330cm²

⭐**TIP** 전체 종이의 넓이를 A라 하면 $\frac{1}{3}A + \frac{45}{100}A + \frac{32}{100}A = A + 27.9$

양변에 300을 곱하여 식을 정리하면
$100A + (45 \times 3)A + (32 \times 3)A = 300(A + 27.9) \Rightarrow 331A = 300A + 8,370$
∴ $A = 270(cm^2)$

31 어머니는 24세, 자식은 4세이고 어머니의 나이가 자식의 나이의 3배가 될 때의 자식의 나이는?

① 9세 ② 10세
③ 11세 ④ 12세

⭐**TIP** 지금부터 3배가 되는 해를 x라 하면,
$(24 + x) = 3(4 + x)$
∴ $x = 6$
6년 후이므로 자식의 나이는 10(세)이다.

32 아버지의 나이는 자식의 나이보다 24세 많고, 지금부터 6년 전에는 아버지의 나이가 자식의 나이의 5배였다. 자식의 현재 나이는 얼마인가?

① 12세 ② 15세
③ 17세 ④ 19세

⭐**TIP** 자식의 나이를 x라 하면,
$(x + 24 - 6) = 5(x - 6)$, $48 = 4x$, $x = 12$
아버지의 나이는 $12 + 24 = 36$
∴ 아버지의 나이 36세, 자식의 나이는 12세

ANSWER ▷ 28.② 29.④ 30.② 31.② 32.①

33 민수의 재작년 나이의 $\frac{1}{4}$과 내년 나이의 $\frac{1}{5}$이 같을 때 민수의 올해 나이는?

① 10세
② 12세
③ 14세
④ 16세

★ **TIP** 민수의 올해 나이를 x라 하면,
$$\frac{1}{4}(x-2) = \frac{1}{5}(x+1)$$
$$5(x-2) = 4(x+1)$$
$$5x - 10 = 4x + 4$$
$$\therefore x = 14(세)$$

34 A기업의 작년 신입사원의 성비는 남녀가 5 : 4였고 올해는 작년에 비해 여성의 비율이 5% 증가하고 남성의 비율은 4% 감소한 225명의 신입사원이 입사하게 되었다. 작년에 입사한 신입사원의 수와 비교했을 때 올해 신입사원수의 변동은 얼마인가?

① 10명 증가
② 10명 감소
③ 15명 증가
④ 변동 없다.

★ **TIP** 신입사원의 수를 a, 여자사원의 수를 b라 하면

남자사원의 수는 $\frac{5}{4}b$ ∴ $a = \frac{5}{4}b + b = \frac{9}{4}b$

올해는 남자사원이 4% 줄고 여자사원이 5% 증가하였으므로
$\frac{5}{4}b \times 0.96 + b \times 1.05 = 225$, $b = 100$

$a = \frac{5}{4} \times 100 + 100 = 225$(명)

∴ 올해와 작년의 신입사원 수는 같다.

35 시간당 5분씩 빠르게 가는 아날로그시계가 있다. 1월 1일 오후 12시에 시계를 정각으로 맞춰두었다면 시계가 원래 시간과 같아지는 시점은 언제인가?

① 6일 오전12시
② 6일 오후12시
③ 7일 오전12시
④ 7일 오후12시

★ **TIP** 시계는 12시간 주기로 움직이므로 720분이 빨라지는 시점이 원래 시간과 같아지는 시점이 된다.
5분×(움직인 시간) = 720분
∴ 144시간, 즉 6일 후에 원래의 시간과 같아진다.

36 다이아몬드의 가격은 그 무게의 제곱에 비례한다고 한다. 가격이 270만원인 다이아몬드를 잘못하여 두 조각을 내었다. 나누어진 두 조각의 무게의 비가 2:1이라고 할 때, 깨뜨렸기 때문에 생긴 손해액은 얼마인가?

① 188만원
② 120만원
③ 125만원
④ 128만원

✦ **TIP** 작은 조각의 무게를 x라 하면
$(x+2x)^2 k = 270$ (단, k는 비례상수)
$9x^2 k = 270$, $x^2 k = 30$
따라서, 구하는 손해액은
$(x+2x)^2 k - \{x^2 k + (2x)^2 k\}$
$= 270 - (30+120) = 120$만원

37 K원을 형제에게 나누어주는데 형의 몫의 A배는 동생의 몫의 B배 이상이 되게 하려고 한다. 형이 받을 몫의 최솟값은 얼마 인가?

① $\dfrac{(B-A)}{2BK}$
② $\dfrac{ABK}{(A-B)}$
③ $\dfrac{BK}{(A+B)}$
④ $\dfrac{2BK}{(A+B)}$

✦ **TIP** 형이 받을 몫을 x로 두면, 동생이 받을 몫은 $(K-x)$이다.
형의 몫의 A배는 동생의 몫의 B배 이상이므로, $Ax \geq B(K-x)$
정리하면, $(A+B)x \geq BK$, $x \geq \dfrac{BK}{(A+B)}$
최솟값 x를 구하는 것이기 때문에,
$\therefore \dfrac{BK}{(A+B)}$

ANSWER 〉 33.③ 34.④ 35.④ 36.② 37.③

38 20cm 길이의 동일한 용수철 3개를 그림과 같이 연결하고 AC의 길이가 60cm가 되도록 늘렸다. 이 때 길이의 비 AB : BC는?

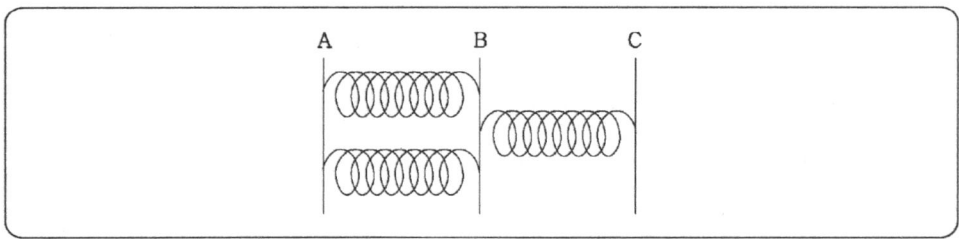

① 2 : 1
② 2 : 3
③ 4 : 5
④ 5 : 4

★ **TIP** 현재의 길이에서 20cm가 더 늘어나야 하는데
AB에는 용수철이 2개 있으므로 늘어나는 길이의 비는 AB : BC = 1 : 2가 된다.
늘어났을 때의 용수철 길이의 비는
$\left(20 + \frac{1}{3} \times 20\right) : \left(20 + \frac{2}{3} \times 20\right) = 4 : 5$

39 원가에 25% 추가한 냉장고의 정가를 할인점에서 10% 할인해서 30개 판매한 것이 총판매액이 될 때 원가계산식은?

① $\dfrac{\text{총판매액}}{32.5}$
② $\dfrac{\text{총판매액}}{32.75}$
③ $\dfrac{\text{총판매액}}{33.5}$
④ $\dfrac{\text{총판매액}}{33.75}$

★ **TIP** 원가를 x라 할 때
총판매액 $= (1 + 0.25) \times x \times (1 - 0.1) \times 30$
$= 33.75x$
∴ 원가 $x = \dfrac{\text{총판매액}}{33.75}$

40 버스 요금을 x% 인상하면 승객은 $0.5x$% 줄어든다고 한다. 수입 증가액이 8%가 되게 하려면 요금을 몇 % 인상해야 하는지 구하여라.

① 20%   ② 22%
③ 34%   ④ 36%

★TIP 원래 요금을 a원, 승객 수를 b명이라 하면

인상 후 요금은 $a\left(1+\dfrac{x}{100}\right)$원

인상 후 승객 수는 $b\left(1-\dfrac{x}{200}\right)$ 명

따라서, 인상 후 수입액은 $ab\left(1+\dfrac{8}{100}\right)$원이므로

$a\left(1+\dfrac{x}{100}\right)b\left(1-\dfrac{x}{200}\right)=ab\left(1+\dfrac{8}{100}\right)$

$\therefore x=20 \text{ or } 80$

41 어떤 물건의 정가는 원가에 x%이익을 더한 것이라고 한다. 그런데 물건이 팔리지 않아 정가의 x%를 할인하여 판매하였더니 원가의 4%의 손해가 생겼을 때, x의 값은?

① 5   ② 10
③ 15   ④ 20

★TIP 이 물건의 원가를 a라 하자.

이때 정가는 $\left(1+\dfrac{x}{100}\right)a$이므로, 문제의 조건에 의하면

$\left(1-\dfrac{x}{100}\right)\left(1+\dfrac{x}{100}\right)a=\left(1-\dfrac{4}{100}\right)a$

$\Rightarrow \left(1-\dfrac{x}{100}\right)\left(1+\dfrac{x}{100}\right)=\dfrac{96}{100}$

$\Rightarrow 1-\left(\dfrac{x}{100}\right)^2=\dfrac{96}{100}$

$\Rightarrow \left(\dfrac{x}{100}\right)^2=\dfrac{4}{100}$

$\Rightarrow \dfrac{x}{100}=\dfrac{2}{10}$

$\therefore x=\dfrac{2}{10}\times 100=20$

ANSWER 〉 38.③ 39.④ 40.① 41.④

42 구입가격 5,000원의 상품을, 3할의 이익이 남게 정가를 정했지만 판매부진으로 정가의 2할 할인으로 팔았다. 손익은 얼마인가?

① 150원 이익　　　　　　　　② 150원 손해
③ 200원 이익　　　　　　　　④ 200원 손해

> ★**TIP**　$5,000(1+0.3) \times (1-0.2) - 5,000 = 200$
> 　　　　∴ 200원 이익이다.

43 어떤 상품에 3할 이익이 남게 정가를 정하면 1,040원이 된다. 이 상품을 팔았을 때 2할의 이익을 얻게 하려면 판매가격을 얼마로 하면 되는가?

① 900원　　　　　　　　　　② 920원
③ 930원　　　　　　　　　　④ 960원

> ★**TIP**　원가를 x라 하면,
> 　　　　$x \times (1+0.3) = 1,040$
> 　　　　$1.3x = 1,040$
> 　　　　$x = 800$
> 　　　　2할의 이익을 남기려면
> 　　　　$800 \times (1+0.2) = 960$
> 　　　　∴ 판매가는 960(원)

44 원가가 150원의 상품을 200개 사들이고 4할 이익이 남게 정가를 정하여 판매하였지만 그 중 50개가 남았다. 팔다 남은 상품을 정가의 2할 할인으로 전부 팔았다면 이익의 총액은 얼마인가?

① 9,900원　　　　　　　　　② 10,000원
③ 11,000원　　　　　　　　　④ 11,200원

> ★**TIP**　판매가의 이익은 $150 \times 0.4 = 60$이고,
> 　　　　150개 판매했으므로 $60 \times 150 = 9,000$(원)이다.
> 　　　　판매가에서 2할 할인가격은 $150(1+0.4)(1-0.2) = 168$(원)
> 　　　　원가와의 차이는 $168 - 150 = 18$(원)
> 　　　　나머지 판매에서 얻은 이익은 $18 \times 50 = 900$(원)
> 　　　　∴ 총 이익은 $9,000 + 900 = 9,900$원

45 A전자의 주식이 2월에 10% 하락하고 3월에 20% 올랐다. 2월 말과 3월 초의 주식의 가격이 같다면 2월 초와 3월 말의 주식의 가격을 비교한 것으로 옳은 것은?

① 5% 올랐다
② 8% 올랐다
③ 6% 내렸다
④ 변함없다

★TIP 2월 초의 주식의 가격을 x라 할 때,
주식의 가격이 10%하락했으므로 2월 말의 주식의 가격은 $(1-0.1)x$,
3월 초의 주식의 가격이 2월 말과 같으므로 $(1-0.1)x$,
3월 말의 주식의 가격은 20% 올랐으므로 $(1-0.1)x \times 1.2 = 1.08x$
∴ 주식의 가격이 2월 초에 비해 8% 올랐다.

46 민수, 영민, 은희는 저녁을 같이 먹었는데 식사를 마친 후 민수가 식사비의 $\frac{3}{5}$을, 영민이가 그 나머지의 $\frac{1}{7}$을, 은희가 그 나머지를 계산하였는데 은희가 3,600원을 냈다면 저녁식사비는 얼마인가?

① 10,000원
② 10,500원
③ 12,000원
④ 12,500원

★TIP 저녁식사비를 A라 할 때 각자 낸 금액은
㉠ 민수 : $\frac{3}{5}A$
㉡ 영민 : $(A - \frac{3}{5}A) \times \frac{1}{7}$
㉢ 은희 : $A - \{\frac{3}{5}A + (A - \frac{3}{5}A) \times \frac{1}{7}\}$
그런데 은희가 낸 금액은 3,600원이므로
$\frac{12}{35}A = 3,600$, $A = 10,500$(원)

ANSWER 42.③ 43.④ 44.① 45.② 46.②

47 민수와 정민이는 저금을 하고 있는데 지금 현재 저금한 금액이 7:3이고 민수가 정민이에게 2만 원을 준다면 저금한 금액의 비율이 6:4가 된다. 정민이의 저금 금액은?

① 6만 원 ② 8만 원
③ 10만 원 ④ 12만 원

★TIP 민수의 저금 금액을 x, 정민이의 저금 금액을 y라 하면(단위:만 원)
$x:y=7:3$, $x=\dfrac{7}{3}y$
문제 조건에 따라 식을 정리하면
$(x-2):(y+2)=6:4$, $4(x-2)=6(y+2)$가 되므로
$x=\dfrac{7}{3}y$를 대입하면 $4\left(\dfrac{7}{3}y-2\right)=6(y+2)$
식을 정리하면 $10y=60$
∴ $y=6$(만 원)

48 어떤 정수를 3배하고 7을 더하면 12보다 크다. 그리고 46에서 이 정수의 5배를 뺀 수는 13보다 크다. 이런 정수는 몇 개 있는가?

① 2개 ② 3개
③ 4개 ④ 5개

★TIP 어떤 정수를 x라 하면,
$12<3x+7$
∴ $\dfrac{5}{3}<x$
$46-5x>13$
∴ $x<\dfrac{33}{5}$
$\dfrac{5}{3}<x<\dfrac{33}{5}$ 즉, $1.66...<x<6.6...$
∴ 만족하는 정수는 2, 3, 4, 5, 6의 5개가 있다.

49 38명의 그룹이 해외여행계획을 세웠다. 1인당 20만 원으로 여행상품을 신청할 때 30명 이상으로 신청하면 2할의 단체할인이 되지만 당일 여행을 취소하게 되면 취소수수료는 전액이 된다. 당일 취소한 사람들의 취소수수료는 금액의 반을 여행간 사람들이 부담하고 단체할인을 안 할 때에는 취소 수수료는 없다. 38명분을 신청하는 경우 당일 취소가 몇 명 이상이면 단체할인을 안 하는 것이 비용이 더 적게 되는가?

① 9명
② 11명
③ 13명
④ 18명

★ **TIP** 20만 원의 2할 할인액은 $200 \times 2 = 4$(만 원)이므로 1인당 16만 원의 여행비용이 든다.

취소한 사람들의 수를 x라 할 때, 취소한 사람들의 비용을 반액 부담하므로 $\frac{8x}{38-x}$의 추가비용이 든다.

할인하지 않았을 때의 금액 20만 원보다 크게 되는 x를 구하면,

$20 < 16 + \frac{8x}{38-x}$

$20(38-x) < 16(38-x) + 8x$

$152 < 12x$

$x > 12.66\cdots$

∴ 13명 이상이면 할인하지 않았을 때가 비용이 더 적다.

50 배가 난파하여 표류하던 A는 사과 1상자와 함께 무인도에 도달하게 되었다. 배가 고파진 A는 상자에 담겨있던 사과의 절반을 먹었고 둘째 날 상한 사과 10개를 버리고 남은 사과의 절반을 먹었다. 셋째 날 상한 사과 16개를 버리고 남은 사과의 절반을 먹었더니 8개 남았다. 처음에 상자에 있던 사과의 수는?

① 135개
② 148개
③ 152개
④ 161개

★ **TIP** 상자에 담겨있던 처음 사과의 수를 x라 하면,

$\left\{\left(\frac{1}{2}x - 10\right) \times \frac{1}{2} - 16\right\} \times \frac{1}{2} = 8 \quad \therefore x = 148(개)$

ANSWER ▶ 47.① 48.④ 49.③ 50.②

04 수추리력

|1~14| 다음 제시된 숫자의 배열을 보고 규칙을 적용하여 빈칸에 들어갈 알맞은 숫자를 고르시오.

1

　　　　　　　　　1　(　)　17　53　161　485

① 5　　　　　　　　　　　② 7
③ 9　　　　　　　　　　　④ 10

TIP 앞의 수에 ×3+2로 변화한다. 따라서 1×3+2=5

2

　　　　　　　　36　27　17　22　13　(　)　8　−1

① 1　　　　　　　　　　　② 2
③ 3　　　　　　　　　　　④ 4

TIP −9, −10, +5, −9, −10, +5의 규칙을 갖는다.

3

$$1\ 3\ 6\ 18\ 21\ (\ )\ 66$$

① 41   ② 52
③ 63   ④ 74

☆ **TIP** ×3, +3이 반복되고 있다. 따라서 21×3=63

4

$$5\ 2\ 10\ 4\ 20\ (\ )\ 40\ 8$$

① 30   ② 8
③ 50   ④ 6

☆ **TIP** 1, 3, 5, 7항은 ×2의 규칙을, 2, 4, 6, 8항은 +2의 규칙을 가진다. 따라서 4+2=6

5

$$55\ 59\ 68\ 84\ (\ )\ 145\ 194$$

① 96   ② 109
③ 114   ④ 128

☆ **TIP** $+2^2$, $+3^2$, $+4^2$, $+5^2$, $+6^2$, $+7^2$의 규칙을 가진다. 따라서 84+25=109

ANSWER 〉 1.①   2.③   3.③   4.④   5.②

6 1 2 3 5 8 13 ( ) 34

① 17　　　　　　　　　② 19
③ 21　　　　　　　　　④ 23

★ **TIP** 앞의 두 항을 더한 것이 다음 항이 되는 피보나치수열이다.

7 1 6 ( ) 8 5 10 7

① 3　　　　　　　　　② 4
③ 9　　　　　　　　　④ 11

★ **TIP** +5, -3, +5, -3, +5, -3의 규칙을 가진다. 따라서 6-3=3

8 1 5 11 -5 21 ( ) 31 -25

① 10　　　　　　　　　② -10
③ 15　　　　　　　　　④ -15

★ **TIP** 1, 3, 5, 7항은 +10의 규칙을, 2, 4, 6, 8항은 -10의 규칙을 가진다. 따라서 -5-10=-15

9

> 1 3 ( ) 15 31 63 127

① 5
② 7
③ 9
④ 11

✯**TIP** $+2, +2^2, +2^3, +2^4, +2^5, +2^6$의 규칙을 가진다.

10

> 2 3 5 7 11 13 17 19 ( )

① 21
② 23
③ 27
④ 29

✯**TIP** 주어진 수는 소수(1과 자기 자신만으로 나누어 떨어지는 1보다 큰 양의 정수)이다. 19 다음의 소수는 23이다.

11

> $\frac{1}{88}$ $\frac{3}{88}$ $\frac{5}{88}$ $\frac{7}{88}$ $\frac{9}{88}$ ( ) $\frac{15}{88}$

① 11
② 12
③ 13
④ 14

✯**TIP** 분모가 99인 기약분수이다. $\frac{9}{88}$ 다음에 나올 기약분수는 $\frac{13}{88}$이다.

ANSWER 〉 6.③ 7.① 8.④ 9.② 10.② 11.③

12 | 3 4 5 7 9 13 15 22 (　) 34 |

① 23　　　　　　　　　② 25
③ 27　　　　　　　　　④ 29

★ **TIP** 홀수 항은 2의 배수 씩, 짝수 항은 3의 배수 씩 더해지며 증가한다.

13 | 1 2 −1 8 (　) 62 |

① −19　　　　　　　　② −15
③ 10　　　　　　　　　④ 12

★ **TIP** 처음의 숫자에 3^0, -3^1, 3^2, -3^3, 3^4이 더해지고 있다.

14 | 2 3 7 34 290 (　) |

① 3400　　　　　　　　② 3415
③ 3430　　　　　　　　④ 3445

★ **TIP** 처음의 숫자에서 1^1, 2^2, 3^3, 4^4, 5^5이 더해지고 있다.

| 15~20 | 일정한 규칙에 따라 배열된 수이다. ( )안에 알맞은 수를 고르시오.

15 2 7 9   10 5 3   6 1 11   1 1 ( )

① 10 ② 12
③ 14 ④ 16

★TIP 주어진 세 수를 모두 더하면 18이 된다.

16 5 2 6   1 10 6   3 ( ) 4   15 1 4

① 4 ② 5
③ 6 ④ 7

★TIP 주어진 세 수를 모두 곱하면 60이 된다.

17 8 3 2   14 4 3   20 6 3   ( ) 7 4

① 25 ② 27
③ 30 ④ 34

★TIP 규칙성을 찾으면 $8=(3\times2)+2$, $14=(4\times3)+2$, $20=(6\times3)+2$이므로 ( ) $=(7\times4)+2$
∴ ( ) 안에 들어갈 수는 30이다.

ANSWER ⟩ 12.① 13.① 14.② 15.④ 16.② 17.③

18 6 2 8 10   3 7 10 17   5 8 13 ( )

① 12 ② 15
③ 18 ④ 21

★TIP 규칙성을 찾으면 6 2 8 10에서 첫 번째 수와 두 번째 수를 더하면 세 번째 수가 되고 두 번째 수와 세 번째 수를 더하면 네 번째 수가 된다.
∴ ( ) 안에 들어갈 수는 21이다.

19 2 5 10 7 16   3 2 6 7 12   5 2 ( ) 6 15

① 8 ② 10
③ 12 ④ 14

★TIP 규칙성을 찾으면 2 5 10 7 16에서 첫 번째 수와 두 번째 수를 곱하면 세 번째 수가 나오고 세 번째 수와 네 번째 수를 더한 후 1을 빼면 다섯 번째 수가 된다.
∴ ( ) 안에 들어갈 수는 10이다.

20 3 5 9 15   4 6 16 24   5 7 ( ) 35   6 8 36 48

① 23 ② 24
③ 25 ④ 26

★TIP 규칙성을 찾으면 3 5 9 15에서 첫 번째 수에 2를 더하면 두 번째 수가 되고, 첫 번째 수에 제곱을 한 값이 세 번째 수, 첫 번째 수와 두 번째 수를 곱한 값이 네 번째 수가 된다.
∴ ( ) 안에 들어갈 수는 25이다.

| 21~27 | 다음 제시된 식을 보고 빈칸에 들어갈 알맞은 수를 고르시오.

21

$$12 * 2 = 4 \quad 15 * 3 = 2 \quad 20 * 4 = (\quad)$$

① 1　　　　　　　　　　② 3
③ 5　　　　　　　　　　④ 7

✯ **TIP** 계산 법칙을 유추하면 첫 번째 수를 두 번째 수로 나눈 후 두 번째 수를 빼고 있다.

22

$$4 \circ 8 = 5 \quad 7 \circ 8 = 11 \quad 9 \circ 5 = 9 \quad 3 \circ (7 \circ 2) = (\quad)$$

① 6　　　　　　　　　　② 13
③ 19　　　　　　　　　 ④ 24

✯ **TIP** 계산 법칙을 유추하면 두 수를 곱한 후 십의자리 수와 일의자리 수를 더하고 있으므로 (7∘2)는 7 × 2 = 14에서 1 + 4 = 5, 3∘5는 3 × 5 = 15에서 1 + 5 = 6
∴ (　) 안에는 6이 들어간다.

23

$$2 * 3 = 3 \quad 4 * 7 = 21 \quad 5 * 8 = 32 \quad 7 * (5 * 3) = (\quad)$$

① 70　　　　　　　　　　② 72
③ 74　　　　　　　　　　④ 76

✯ **TIP** 계산 법칙을 유추하면 두 수를 곱한 후 두 번째 수를 빼고 있으므로
5 * 3은 5 × 3 − 3 = 12, 7 * 12 = 7 × 12 − 12 = 72

ANSWER 〉 18.④　19.②　20.③　21.①　22.①　23.②

24

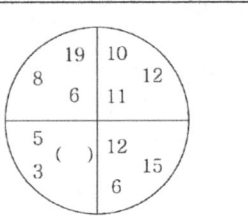

① 12
② 19
③ 25
④ 32

✮ **TIP** 원의 나누어진 한 부분의 합이 33이 되어야 한다.

25

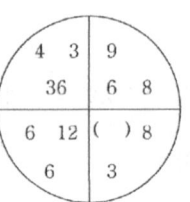

① 12
② 14
③ 16
④ 18

✮ **TIP** 원의 나누어진 한 부분의 숫자는 모두 곱하면 432가 된다.

26

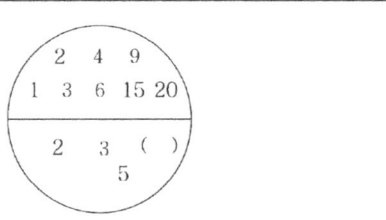

① 2 ② 8
③ 14 ④ 20

✪ **TIP** 원의 위쪽 부분은 모두 더해서 60이 되고 아랫부분은 모두 곱해서 60이 된다.

27

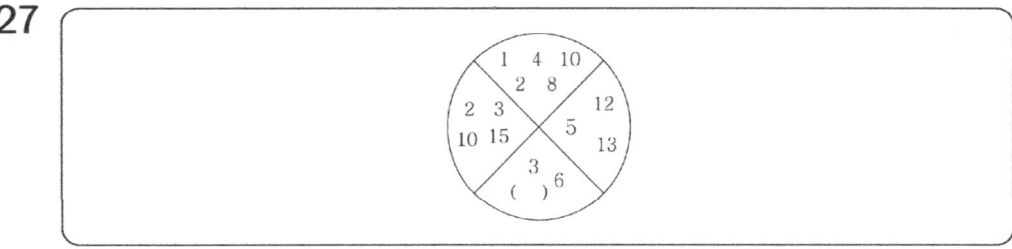

① 14 ② 16
③ 18 ④ 20

✪ **TIP** 원의 나누어진 부분 중 마주보는 부분끼리 숫자의 합이 같다.

ANSWER 〉 24.③ 25.④ 26.① 27.②

【28~30】 다음 ▲ 표시된 곳의 숫자에서부터 시계방향으로 진행하면서 숫자와의 관계를 고려하여 ?표시된 곳에 들어갈 알맞은 숫자를 고르시오.

28

?	3	5
18		10
20	10	8

① 16　　　　　　　　② 18
③ 20　　　　　　　　④ 22

★ TIP　3부터 시계방향으로 각 숫자의 차가 +2, ×2, -2의 순서로 변한다.

29

80640	10080	1440
2		240
4	12	?

① 24　　　　　　　　② 48
③ 60　　　　　　　　④ 120

★ TIP　80640부터 시계방향 차례대로 8, 7, 6, 5, …이 나눠지면서 변하고 있다.

30

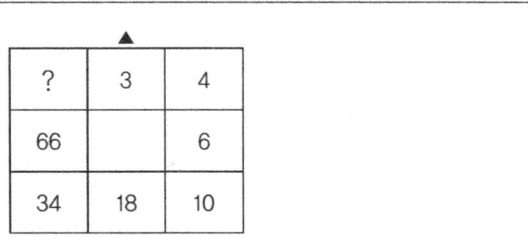

① 120 ② 130
③ 140 ④ 150

★ **TIP** +1, +2, +4, +8, +16, +32로 수가 변하고 있으므로, 66에는 64가 더해져 130이 된다.

|31~44| 다음 ? 표시된 부분에 들어갈 숫자를 고르시오.

31

200	40	20	10	5
5	2	2	?	

① 2 ② 4
③ 6 ④ 8

★ **TIP**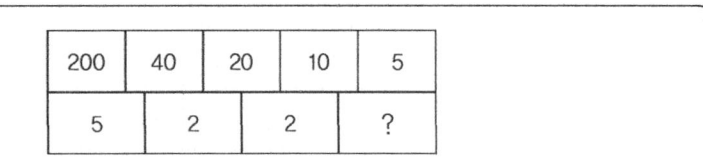

ANSWER 〉 28.③ 29.② 30.② 31.①

32

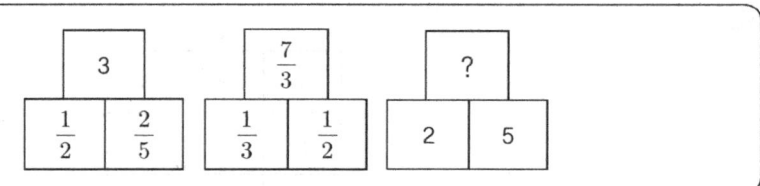

① $\frac{11}{5}$ ② $\frac{17}{5}$

③ $\frac{11}{2}$ ④ $\frac{17}{2}$

★TIP ㉠ = ㉡ + $\frac{1}{㉢}$

33

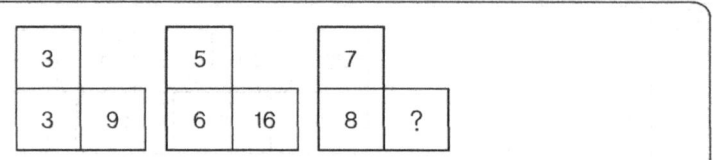

① 22 ② 25
③ 28 ④ 31

★TIP ㉢ = ㉠ × 2 + ㉡

34

19	5	4
18	4	2
17	3	?
16	2	0

① 0　　　　　　　　　　　　② 1
③ 2　　　　　　　　　　　　④ 3

★ **TIP** 3열의 수는 1열의 수를 2열의 수로 나눈 나머지이다. 따라서 빈칸에 들어갈 수는 $17 \div 3 = 5 \cdots 2$, 즉 2이다.

35

A	B		B	D		C	F
G	D		N	H		?	L

① U　　　　　　　　　　　　② V
③ W　　　　　　　　　　　　④ X

★ **TIP** 영문 알파벳과 숫자를 대응시키면 다음의 표와 같다.

A	B	C	D	E	F	G	H	I	J	K	L	M	N	O	P	Q	R	S	T	U	V	W	X	Y	Z
1	2	3	4	5	6	7	8	9	10	11	12	13	14	15	16	17	18	19	20	21	22	23	24	25	26

주어진 도형의 알파벳을 대응하는 숫자로 치환하면

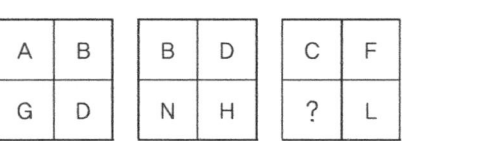

첫 번째 도형은 시계방향으로 1, 2, 3, 두 번째 도형은 시계방향으로 2, 4, 6씩 더해지며 증가한다. 따라서 세 번째 도형은 시계방향으로 3, 6, 9씩 더해지며 증가해야 한다.
∴ 빈칸에 들어갈 문자는 12+9=21, 즉 U가 들어가야 한다.

ANSWER ▶ 32.① 33.① 34.③ 35.①

36

① 5 ② 8
③ 11 ④ 14

★ **TIP** 한 변의 숫자를 더하면 모두 25가 된다.

37

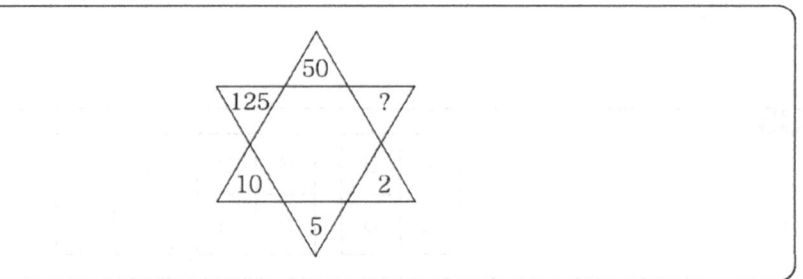

① 21 ② 23
③ 25 ④ 27

★ **TIP** 마주보고 있는 숫자를 곱하면 모두 250이 된다.

38

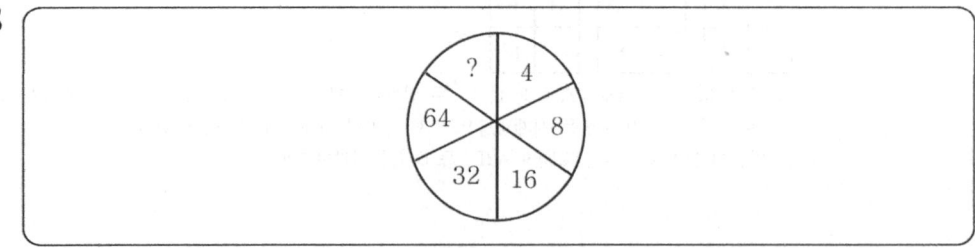

① 126 ② 127
③ 128 ④ 129

★ **TIP** 4에서 시작해서 시계방향으로 2가 곱해지면서 변하고 있다.

39

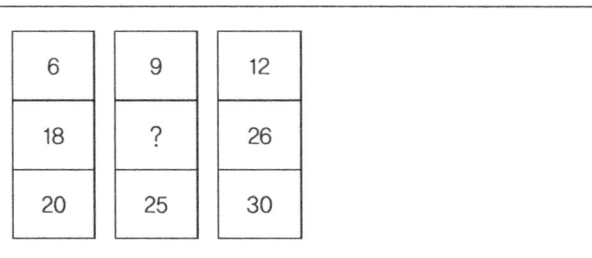

① 21
② 22
③ 23
④ 24

★TIP 첫 번째 줄의 각 숫자의 차는 3이고, 두 번째 줄의 각 숫자의 차는 4이고, 세 번째 줄의 각 숫자의 차는 5이다.

40

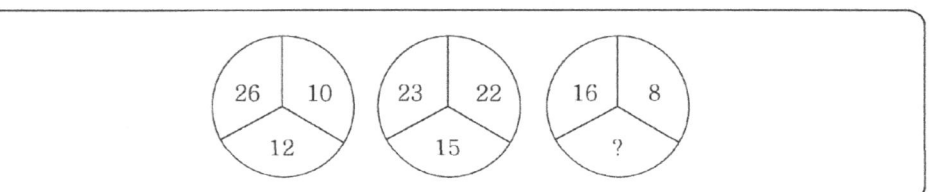

① 8
② 10
③ 12
④ 14

★TIP  $ⓒ = \dfrac{ⓐ + ⓑ}{3}$

41

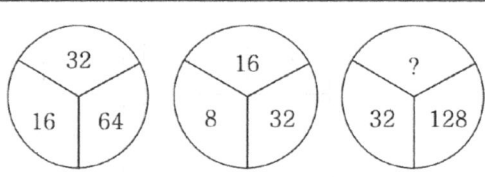

① 60
② 62
③ 64
④ 66

★TIP 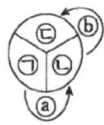 ⓐ=㉠×4, ⓑ=㉡×$\frac{1}{2}$

42

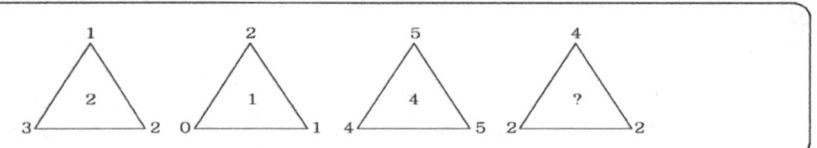

① 2
② 3
③ 4
④ 5

★TIP  ㉠+㉡−㉢=㉣

43

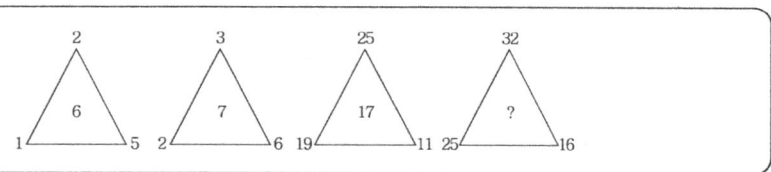

① 14 ② 17
③ 20 ④ 23

★ TIP 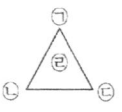 ㉠−㉡+㉢=㉣

44

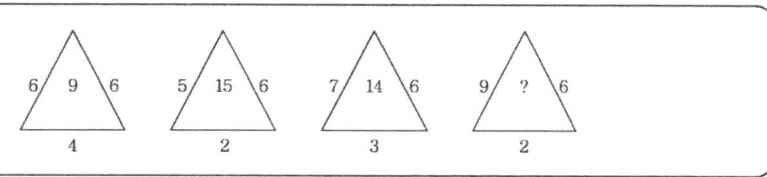

① 27 ② 30
③ 33 ④ 36

★ TIP 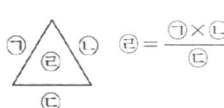 $㉣ = \dfrac{㉠ \times ㉡}{㉢}$

| 45~50 | 다음 빈칸에 들어갈 알맞은 문자를 고르시오.

45   S - N - K - J - E - (　)

① A　　　　　　　　　　② B
③ C　　　　　　　　　　④ D

✩ TIP 알파벳을 숫자에 대입해서 푸는 문자수열문제이다. S부터 시작해서 −5, −3, −1의 순서로 바뀌고 있다.

46   F - I - H - K - J - (　)

① M　　　　　　　　　　② O
③ S　　　　　　　　　　④ T

✩ TIP F부터 시작해서 +3, −1로 반복되고 있다.

47   ㄱ - ㄴ - ㅁ - ㅂ - ㅈ - ㅊ - (　)

① ㅋ　　　　　　　　　　② ㅌ
③ ㅍ　　　　　　　　　　④ ㅎ

✩ TIP +1, +3이 반복된다.

48

ㄴ - ㄹ - ㅁ - ㅅ - ㅇ - ( )

① ㅈ ② ㅊ
③ ㅋ ④ ㅍ

★ **TIP** ㄴ부터 시작해서 +2, +1로 반복되고 있다.

49

가 - 갸 - ( ) - 더 - 모 - 유

① 냐 ② 너
③ 녀 ④ 노

★ **TIP** 한글의 자음과 모음을 각각 숫자에 대응시키면 다음의 표와 같다.
자음과 모음 모두 1, 1, 2, 3, 5, 8로 앞의 두 수의 합으로 이어진 피보나치수열로 나열된다. 따라서 빈칸에는 자음과 모음 모두 2에 해당하는 '냐'가 들어가야 한다.

50

기 - 다 - 므 - 샤 - 쥬 - 커 - ( )

① 표 ② 푸
③ 휴 ④ 호

★ **TIP** 한글의 자음과 모음을 각각 숫자에 대응시키면 다음의 표와 같다.

ㄱ	ㄴ	ㄷ	ㄹ	ㅁ	ㅂ	ㅅ	ㅇ	ㅈ	ㅊ	ㅋ	ㅌ	ㅍ	ㅎ
1	2	3	4	5	6	7	8	9	10	11	12	13	14

ㅏ	ㅑ	ㅓ	ㅕ	ㅗ	ㅛ	ㅜ	ㅠ	ㅡ	ㅣ
1	2	3	4	5	6	7	8	9	10

자음은 1, 3, 5, 7, …, 모음은 10, 1, 9, 2, 8, …으로 변화한다. 따라서 빈칸에는 자음은 13(ㅍ), 모음은 7(ㅜ)으로 '푸'가 들어가야 한다.

ANSWER 45.② 46.① 47.③ 48.② 49.① 50.②

자료해석력

❙1~2❙ 다음은 인천공항, 김포공항, 양양공항, 김해공항, 제주공항을 이용한 승객을 연령별로 분류해 놓은 표이다. 물음에 답하시오.

구분	10대	20대	30대	40대	50대	총 인원수
인천공항	13%	36%	20%	15%	16%	5,000명
김포공항	8%	21%	33%	24%	14%	3,000명
양양공항	–	17%	37%	39%	7%	1,500명
김해공항	–	11%	42%	30%	17%	1,000명
제주공항	18%	23%	15%	28%	16%	4,500명

1 인천공항의 이용승객 중 20대 승객은 모두 몇 명인가?

① 1,600명 ② 1,700명
③ 1,800명 ④ 1,900명

★**TIP** 5,000×0.36 = 1,800명

2 김포공항 이용승객 중 30대 이상 승객은 김해공항 30대 이상 승객의 약 몇 배인가? (소수점 둘째 자리에서 반올림 하시오.)

① 2.3배 ② 2.4배
③ 2.5배 ④ 2.6배

★**TIP** 김포공항의 30대 이상 승객 : 33%+24%+14% = 71%이므로 3,000×0.71 = 2,130명
김해공항의 30대 이상 승객 : 42%+30%+17% = 89%이므로 1,000×0.89 = 890명
∴ 2,130÷890 ≒ 2.4배

❙3~4❙ 다음은 방화, 뺑소니 발생현황에 대한 표이다. 물음에 답하시오.

구분	2010년	2011년	2012년	2013년	2014년	2015년	2016년
방화	6,580	6,627	6,978	7,359	7,855	7,751	7,119
뺑소니	2,446	2,440	2,868	3,206	2,920	3,750	4,325
계	9,026	9,067	9,846	10,565	10,775	11,501	11,444

3 방화 및 뺑소니의 발생빈도의 합이 10,000건 이상인 해의 발생 건수를 모두 더하면?

① 44,255
② 44,265
③ 44,275
④ 44,285

★TIP 방화와 뺑소니의 발생빈도 합계가 10,000건 이상인 해는 2013년, 2014년, 2015년, 2016년이다.
10,565+10,775+11,501+11,444 = 44,285

4 위 표를 통해 알 수 있는 내용은?

① 방화범죄는 2014년에 정점을 찍은 후 조금씩 감소하고 있다.
② 뺑소니범죄는 2011년부터 매년 꾸준히 증가하고 있다.
③ 뺑소니범의 대부분은 10대 청소년들이다.
④ 방화범들은 주로 새벽시간대를 노린다.

★TIP ② 뺑소니범죄는 2014년에 한 번 감소했다.
③ 뺑소니범의 연령대는 알 수 없다.
④ 방화범죄가 일어나는 시간대는 알 수 없다.

ANSWER〉 1.③ 2.② 3.④ 4.①

【5~6】 다음은 어느 기업의 해외 수출 상담실적에 관한 자료이다. 물음에 답하시오.

구분	2014년	2015년	2016년
아르헨티나	361	429	418
말레이시아	480	412	396
베트남	387	435	492
러시아	529	631	658
노르웨이	230	224	253
캐나다	385	498	754
브라질	936	458	785

5 이 회사의 대 캐나다 수출 상담실적의 2016년 증감률은? (단, 소수 둘째자리에서 반올림하시오.)

① 43.2% ② 47.1%
③ 51.4% ④ 56.9%

★TIP 증감률 구하는 공식은 $\frac{올해 매출 - 전년도 매출}{전년도 매출} \times 100$ 이다.

따라서 $\frac{754 - 498}{498} \times 100 ≒ 51.4(\%)$

6 2015년 이 회사의 남미 국가 수출 상담실적은 동남아 국가의 몇 배인가?
(단, 소수 둘째자리에서 반올림하시오.)

① 1.0배 ② 1.1배
③ 1.2배 ④ 1.3배

★TIP 2015년 남미 국가 수출 상담실적은 429(아르헨티나) + 458(브라질) = 887이고, 동남아 국가 수출 상담실적은 412(말레이시아) + 435(베트남) = 847이므로 $\frac{887}{847} ≒ 1.0$배이다.

【7~8】 다음은 지역별 재건축 및 대체에너지 설비투자 현황에 관한 자료이다. 물음에 답하시오.

(단위 : 건, 억 원, %)

지역	재건축 건수	건축공사비(A)	대체에너지 설비투자액				대체에너지 설비투자 비율
			태양열	태양광	지열	합(B)	
강남	28	15,230	32	150	385	567	( )
강북	24	11,549	29	136	403	568	( )
분당	26	13,697	33	264	315	612	4.46
강서	31	10,584	26	198	296	520	( )
강동	22	8,361	13	210	338	561	6.70

※ 대체에너지 설비투자 비율 = (B/A)×100

7 다음 중 옳지 않은 것은?

① 재건축 건수 1건당 건축공사비가 가장 적은 곳은 강서이다.
② 강남 ~ 강동 지역의 대체에너지 설비투자 비율은 각각 4% 이상이다.
③ 강동 지역에서 지열 설비투자액이 280억 원으로 줄어들어도 대체에너지 설비투자 비율은 6% 이상이다.
④ 대체에너지 설비투자액 중 태양광 설비투자액 비율이 두 번째로 높은 지역은 대체에너지 설비투자 비율이 가장 낮다.

★TIP 강남 지역의 대체에너지 설비투자 비율은 3.72%이다.
$$\frac{567}{15230} \times 100 ≒ 3.72(\%)$$

ANSWER ▶ 5.③ 6.① 7.②

8 강서 지역의 지열 설비투자액이 250억 원으로 줄어들 경우 대체에너지 설비투자 비율의 변화는?

① 약 0.41% 감소   ② 약 0.42% 감소
③ 약 0.43% 감소   ④ 약 0.44% 감소

★TIP 강서 지역의 지열 설비투자액이 250억 원으로 줄어들 경우 대체에너지 설비투자액의 합(B)은 474억 원이 된다. 이때의 대체에너지 설비투자 비율은 $\frac{474}{10584} \times 100 ≒ 4.47$이므로 원래의 대체에너지 설비투자 비율인 4.91에 비해 약 0.44% 감소한 것으로 볼 수 있다.

│9~10│ 다음은 최근 5년간 우리나라 사람들이 명절연휴를 어떻게 보냈는지 조사한 자료이다. 물음에 답하시오.

〈유형별 최근 5년간 명절을 보낸 사람들의 비율〉

(단위 : %)

	2012년	2013년	2014년	2015년	2016년
제사	67.3	65.7	62.8	60.5	59.2
해외여행	23.1	24.8	26.2	28.5	30.6
직장근무	3.2	2.9	3.7	2.5	1.1
집에서 휴식	6.4	6.6	7.3	8.5	9.1
합계	100	100	100	100	100

〈연령별 명절을 보내는 방법〉

(단위 : %)

	10대	20대	30대	40대	50대 이상
제사	60.9	31.2	37.4	63.3	92.8
해외여행	2.8	45.8	43.6	4.1	3.2
직장근무	–	1.4	3.1	2.5	0.4
집에서 휴식	36.3	21.6	15.9	30.1	3.6
합계	100	100	100	100	100

※ 2017년 1월

9 다음 중 옳지 않은 것은?

① 2016년 해외여행을 떠난 사람들과 집에서 휴식을 취하는 사람들의 합의 비율은 2012년 해외여행을 떠난 사람들과 집에서 휴식을 취하는 사람들의 합의 비율보다 10.3% 늘었다.
② 사람들에게 명절은 이제 친지들을 만나 조상을 모신다는 의미에서 벗어나 단순히 쉬는 날로 인식되고 있다.
③ 이 추세로 간다면 조만간 명절에 제사를 지내는 사람들보다 단순히 여행을 떠나거나 집에서 휴식을 취하는 사람들의 비율이 더 높아질 가능성이 있다.
④ 2012년 제사를 지낸 사람들의 비율에서 해외여행을 떠난 사람들과 집에서 휴식을 취한 사람들의 합의 비율을 뺀 값과 2016년 제사를 지낸 사람들의 비율에서 해외여행을 떠난 사람들과 집에서 휴식을 취한 사람들의 합의 비율을 뺀 값과의 차이는 18.3이다.

★**TIP** ① 39.7−29.5 = 10.2

10 위의 자료를 통해 추론할 수 있는 사실이 아닌 것은?

① 명절에 50대 이상이 대부분 제사를 지내는 것과는 달리 2,30대는 해외여행을 떠나는 것으로 보아 노년과 장년층간의 명절에 대한 인식이 서로 다름을 알 수 있다.
② 최근 5년간 명절에 해외여행을 떠난 사람들의 상당수 연령은 20대, 30대일 것이다.
③ 명절에 집에서 휴식을 취하는 10대들 중 상당수는 명절에 공부를 하기위해 남아있는 것이라 할 수 있다.
④ 현재 명절에 제사를 지내러 가는 10대들이 20대, 30대가 되는 시대에는 명절에 해외여행을 떠나거나 집에서 휴식을 취하는 사람들의 비율이 지금보다 훨씬 높아질 것이다.

★**TIP** 10대들이 명절에 집에서 공부를 하는지 단순히 휴식을 취하는지는 위의 자료를 통해 알 수 없다.

ANSWER 〉 8.④ 9.① 10.③

【11~12】 다음은 철수의 3월 생활비 40만 원의 항목별 비율을 나타낸 자료이다. 물음에 답하시오.

구분	학원비	식비	교통비	기타
비율(%)	35	15	35	15

11 식비 및 교통비의 지출 비율이 아래 표와 같을 때 다음 설명 중 가장 적절한 것은 무엇인가?

〈표1〉 식비 지출 비율

항목	채소	과일	육류	어류	기타
비율(%)	30	20	25	15	10

〈표2〉 교통비 지출 비율

교통수단	버스	지하철	자가용	택시	기타
비율(%)	50	25	15	5	5

① 식비에서 채소 구입에 사용한 금액은 교통비에서 자가용 이용에 사용한 금액보다 크다.
② 교통비에서 지하철을 타는데 지출한 비용은 식비에서 육류를 구입하는데 지출한 비용의 약 2.3배에 달한다.
③ 철수의 3월 생활비 중 교통비에 지출된 금액은 총 12만 5천 원이다.
④ 교통비에서 자가용을 타는데 지출한 금액은 식비에서 과일과 어류를 구입하는데 지출한 비용보다 크다.

★TIP 각각의 금액을 구해보면 다음과 같다.

철수의 3월 생활비 40만 원의 항목별 비율과 금액

구분	학원비	식비	교통비	기타
비율(%)	35	15	35	15
금액(만 원)	14	6	14	6

〈표1〉 식비 지출 비율과 금액

항목	채소	과일	육류	어류	기타
비율(%)	30	20	25	15	10
금액(만 원)	1.8	1.2	1.5	0.9	0.6

〈표2〉 교통비 지출 비율과 금액

교통수단	버스	지하철	자가용	택시	기타
비율(%)	50	25	15	5	5
금액(만 원)	7	3.5	2.1	0.7	0.7

① 식비에서 채소 구입에 사용한 금액: 1만 8천 원
　교통비에서 자가용 이용에 사용한 금액: 2만 1천 원
② 교통비에서 지하철을 타는데 지출한 비용: 3만 5천 원
　식비에서 육류를 구입하는데 지출한 비용: 1만 5천 원
③ 철수의 3월 생활비 중 교통비: 14만 원
④ 교통비에서 자가용을 타는데 지출한 금액: 2만 1천 원
　식비에서 과일과 어류를 구입하는데 지출한 비용: 1만 2천 원 + 9천 원

12 철수의 2월 생활비가 35만 원이었고 각 항목별 생활비의 비율이 3월과 같았다면 3월에 지출한 교통비는 2월에 비해 얼마나 증가하였는가?

① 17500원
② 19000원
③ 20500원
④ 22000원

★TIP 2월 생활비 35만원의 항목별 금액은 다음과 같다.

구분	학원비	식비	교통비	기타
비율(%)	35	15	35	15
금액(만 원)	12.25	5.25	12.25	5.25

따라서 3월에 교통비가 14만 원이므로 2월에 비해 17500원 증가하였다.

ANSWER 〉 11.② 12.①

│13~14│ 다음은 주식시장에서 외국인의 최근 한 달간의 주요 매매 정보 자료이다. 물음에 답하시오.

순매수			순매도		
종목명	수량(백주)	금액(백만 원)	종목명	수량(백주)	금액(백만 원)
A 그룹	5,620	695,790	가 그룹	84,930	598,360
B 그룹	138,340	1,325,000	나 그룹	2,150	754,180
C 그룹	13,570	284,350	다 그룹	96,750	162,580
D 그룹	24,850	965,780	라 그룹	96,690	753,540
E 그룹	70,320	110,210	마 그룹	12,360	296,320

13 다음 설명 중 옳은 것을 고르시오.

① 외국인은 가 그룹의 주식 8,493,000주를 팔아치우고 D그룹의 주식 1,357,000주를 사들였다.
② C 그룹과 D 그룹, E 그룹의 순매수량의 합은 B 그룹의 순매수량 보다 작다.
③ 다 그룹의 순매도량은 라 그룹의 순매도량 보다 작다.
④ 나 그룹의 순매도액은 598,360(백만원)이다.

✫ **TIP** 13,570+24,850+70,320 = 108740이다.

14 다음 중 옳지 않은 것은?

① 외국인들은 A 그룹보다 D 그룹의 주식을 더 많이 사들였다.
② 가 그룹과 마 그룹의 순매도량의 합은 다 그룹의 순매도량보다 많다.
③ 나 그룹의 순매도액은 라 그룹의 순매도액보다 많다.
④ A 그룹과 D 그룹의 순매수액의 합은 B 그룹의 순매수액보다 작다.

✫ **TIP** 695,790+965,780 = 1661570

15 다음은 2015년 국가별 수출입 실적표이다. 표에 대한 설명 중 옳지 않은 것은?

국가	수출건수	수출금액	수입건수	수입금액	무역수지
브라질	485,549	9,685,217	68,524	4,685,679	4999538
중국	695,541	26,574,985	584,963	14,268,957	12306028
인도	74,218	6,329,624	19,689	967,652	5361972
그리스	54,958	7,635,148	36,874	9,687,452	−2052304

① 2015년 수출금액이 가장 큰 국가는 중국이다.
② 그리스는 위 4개국 중 수출건수가 가장 적다.
③ 브라질과 인도의 무역수지를 더한 값은 중국의 무역수지 값보다 크다.
④ 브라질과 그리스의 수입금액의 합은 중국의 수입금액보다 크다.

TIP ③ 브라질과 인도의 무역수지를 더한 값은 중국의 무역수지 값보다 작다.
① 중국이 26,574,985로 수출금액이 가장 크다.
② 그리스는 54,958로 수출건수가 가장 적다.
④ 브라질과 그리스의 수입금액의 합은 14373131로 중국의 수입금액보다 104174 크다.

ANSWER 〉 13.② 14.④ 15.③

16 다음은 수도권의 일부 도로에 대한 자료이다. 외각순환도로 7km의 건설비는 얼마인가?

분류	도로수	총길이	건설비
고속화도로	7	80km	50억
외각순환도로	9	160km	300억
자동차전용도로	11	120km	200억
합계	27	360km	550억

① 약 13.3억 원
② 약 14.6억 원
③ 약 15.9억 원
④ 약 16.2억 원

★ TIP　300÷160 = 1.875 ≒ 1.9(억 원)이고 7km이므로 1.9×7 ≒ 13.3(억 원)

|17~18| 아래 자료는 최근 3년간의 행정구역별 출생자 수를 나타낸 표이다. 물음에 답하시오.

(단위 : 명)

	2014년	2015년	2016년
서울특별시	513	648	673
부산광역시	436	486	517
대구광역시	215	254	261
울산광역시	468	502	536
인천광역시	362	430	477
대전광역시	196	231	258
광주광역시	250	236	219
제주특별자치시	359	357	361
세종특별자치시	269	308	330

17 위 표를 보고 알맞은 것은?

① 2016년 대구광역시 출생자수와 제주지역의 출생자 수의 합은 광주광역시의 2016년 출생자 수보다 약 2.53배 더 크다.
② 서울특별시와 제주특별자치시의 2015년 출생자의 합은 2014년 같은 지역의 출생자의 합보다 135명 더 많다.
③ 2016년 대전광역시 출생자 수와 광주광역시 출생자 수의 합은 2016년 인천광역시 출생자 수와 같다.
④ 2015년 부산광역시 출생자 수는 2015년 대전광역시 출생자 수의 2배보다 작다.

☆ **TIP** ① $261 + 361 = 622$
$622 \div 219 ≒ 2.84$
② 2015년 서울특별시와 제주특별자치시의 출생자 합 : 1005명
2014년 서울특별시와 제주특별자치시의 출생자 합 : 872명
③ $258 + 219 = 477$
④ $231 \times 2 = 462$

18 다음 보기 중 2014년부터 2016년까지 출생자가 가장 많이 증가한 행정구역은?

① 부산　　② 울산
③ 대전　　④ 세종

☆ **TIP** ① 부산 : $517 - 436 = 81$
② 울산 : $536 - 468 = 68$
③ 대전 : $258 - 196 = 62$
④ 세종 : $330 - 269 = 61$

ANSWER 〉 16.① 17.③ 18.①

19 다음은 어느 산의 5년 동안 낙상자 피해 현황을 나타낸 표이다. 다음 중 표에 대한 설명 중 옳지 않은 것은?

	2015년	2014년	2013년	2012년	2011년
부주의	214	201	138	130	119
시설물 노후	97	73	51	46	43
야생동물 출현	39	52	80	72	74
합계	350	326	269	248	236

① 2015년 전체 낙상자 피해 건수는 2011년에 비해 약 1.48배 증가하였다.
② 2015년 야생동물 출현에 의한 낙상피해는 2013년에 비해 약 2.25배 감소하였다.
③ 각 원인별 최근 5년 동안 발생한 낙상자 피해 중 그 변화의 폭이 가장 두드러진 것은 시설물 노후에 의한 피해이다.
④ 부주의에 의한 낙상 피해만 줄여도 낙상자 수는 크게 감소할 것이다.

TIP ② 80 ÷ 39 ≒ 2.05
① 350 ÷ 236 ≒ 1.48
③ 부주의에 의한 피해의 변화폭 : 약 1.79
  시설물 노후에 의한 피해의 변화폭 : 약 2.25
  야생동물 출현에 의한 피해의 변화폭 : 약 1.89
④ 매년 부주의에 의한 피해가 가장 크므로 부주의에 의한 피해만 줄여도 낙상자 수는 크게 감소시킬 수 있다.

【20~21】 다음은 2012년부터 2016년까지 5년 동안 A, B, C사의 매출액을 나타낸 것이다. 표를 보고 다음 물음에 답하시오.

(단위 : 백만 원)

	2012년	2013년	2014년	2015년	2016년
A사	58,365,216	62,682,974	65,914,653	72,584,689	79,519,753
B사	49,682,581	61,585,268	72,914,358	79,358,621	84,695,127
C사	69,548,587	65,845,239	63,254,169	59,473,982	55,691,472

20 2012년부터 2016년까지 A사의 매출액은 얼마만큼 증가하였나?

① 21154517백만 원
② 21154527백만 원
③ 21154537백만 원
④ 21154547백만 원

★ TIP 79,519,753 − 58,365,216 = 21154537(백만 원)

21 B사의 2016년 매출액은 2012년 매출액보다 약 몇 배 증가하였나? (소수 둘째 자리까지 구하시오.)

① 1.53배
② 1.69배
③ 1.70배
④ 1.84배

★ TIP 84,695,127 ÷ 49,682,581 ≒ 1.70⋯(배)

ANSWER 〉 19.② 20.③ 21.③

| 22~23 | 다음은 어느 가전제품 매장의 종류별 판매비율을 나타낸 자료이다. 물음에 답하시오.

(단위 : %)

종류	2013년	2014년	2015년	2016년
핸드폰	33.5	35.5	37.0	39.0
TV	14.0	13.5	16.5	17.0
냉장고	19.0	21.0	16.5	15.5
컴퓨터	22.0	20.5	19.0	17.5
카메라	11.5	9.5	11.0	11.0

22 2016년 총 판매개수가 2,500개라면 핸드폰의 판매개수는 몇 개인가?

① 965개 ② 975개
③ 985개 ④ 995개

★ TIP 2016년 핸드폰의 판매비율은 39.0%이므로
판매개수는 $2,500 \times 0.39 = 975$(개)

23 다음 중 옳지 않은 것은?

① 최근 4년 동안 판매비율의 폭이 가장 크게 변화한 제품은 컴퓨터이다.
② 최근 4년 동안 컴퓨터의 판매비율은 4.5% 감소하였다.
③ 2013년과 비교할 때 카메라의 2015년 판매비율은 다른 제품에 비해 큰 변화를 보이지 않고 있다.
④ TV의 판매비율은 2016년에 처음으로 냉장고의 판매비율을 앞질렀다.

★ TIP 최근 4년 동안 판매비율의 변동 폭
• 핸드폰 : $39.0 - 33.5 = 5.5\%$
• TV : $17.0 - 14.0 = 3\%$
• 냉장고 : $19.0 - 15.5 = 3.5\%$
• 컴퓨터 : $22.0 - 17.5 = 4.5\%$
• 카메라 : $11.5 - 11.0 = 0.5\%$

| 24~25 | 다음은 우리나라 농수산식품의 수출입 동향을 나타낸 자료이다. 물음에 답하시오.

(단위 : 백만 달러)

		2012년	2013년	2014년	2015년	2016년
수출	소계	4,070	4,846	5,261	5,112	5,099
	농산물	3,595	4,328	4,713	4,532	4,498
	축산물	160	182	203	213	210
	임산물	315	336	345	367	391
수입	소계	23,289	30,190	40,323	42,555	43,532
	농산물	14,026	17,758	23,694	25,847	28,189
	축산물	3,295	5,648	8,691	7,851	6,328
	임산물	5,968	6,784	7,938	8,857	9,015
무역수지		-19,219	-25,344	-35,062	-37,443	-41,433

24 다음 중 옳은 것은?

① 최근 5년 동안 무역수지 적자는 약 3.15배 증가하였다.
② 2016년 농산물의 수입액은 같은 해 농산물의 수출액의 약 7.06배에 달한다.
③ 최근 5년 동안의 농수산식품 총 수출액의 합은 2012년 농수산식품 총 수입액보다 작다.
④ 농수산식품 수출에 있어서 농산물의 수출이 감소하고 있는 만큼 이에 대한 대책 마련이 시급하다.

★TIP ① 41,433÷19,219 ≒ 2.15⋯
② 2016년 농산물의 수입액 : 28,189
   2016년 농산물의 수출액 : 4,498
   28,189÷4,498 ≒ 6.26⋯
③ 최근 5년 동안의 농수산식품 총 수출액의 합 : 24,388
   2012년 농수산식품 총 수입액 : 23,289

ANSWER 〉 22.② 23.① 24.④

25 다음 중 농수산식품의 총 수입액 중 농산물의 비율이 다른 해에 비해 가장 낮았던 해는 언제인가?

① 2012년　　② 2013년
③ 2014년　　④ 2015년

★ TIP 최근 5년 동안의 농수산식품 총 수입액 중 농산물의 비율
- 2012년 : 약 60.2%
- 2013년 : 약 58.8%
- 2014년 : 약 58.7%
- 2015년 : 약 60.7%
- 2016년 : 약 64.7%

|26~28| 다음은 호텔 4곳을 경영하는 다이스에서 2015년 VIP 회원의 직업별 구성 비율을 각 지점별로 조사한 자료이다. 물음에 답하시오. (단, 가장 오른쪽은 각 지점의 회원 수가 전 지점의 회원 총수에서 차지하는 비율이다.)

구분	공무원	기업인	자영업	외국인	각 지점/전 지점
A	30%	20%	10%	40%	20%
B	10%	40%	20%	30%	30%
C	10%	30%	20%	40%	40%
D	10%	40%	30%	20%	10%
전 지점	( )	32%	( )	35%	100%

26 다이스 각 지점에서 자영업자의 수는 회원 총수의 몇 %인가?

① 16%　　② 17%
③ 18%　　④ 19%

★ TIP A : 0.2×0.1 = 0.02 = 2(%)
B : 0.3×0.2 = 0.06 = 6(%)
C : 0.4×0.2 = 0.08 = 8(%)
D : 0.1×0.3 = 0.03 = 3(%)
∴ A+B+C+D = 19(%)

27 C지점의 회원 수를 3년 전과 비교했을 때 외국인의 수는 2배 증가했고 자영업자와 공무원의 수는 절반으로 감소했으며 그 외는 변동이 없었다. 그렇다면 3년 전 기업인의 비율은? (단, C지점의 2015년 VIP회원의 수는 200명이다.)

① 약 25.34% ② 약 27.27%
③ 약 29.16% ④ 약 31.08%

★ **TIP** 2015년 C지점의 회원 수는 공무원 20명, 기업인 60명, 자영업자 40명, 외국인 80명이다.
따라서 2012년의 회원 수는 공무원 40명, 기업인 60명, 자영업자 80명, 외국인 40명이 된다.
이 중 기업인의 비율은 $\frac{60}{220} \times 100 ≒ 27.27\%$가 된다.

28 D지점의 외국인 수가 400명일 때 A지점의 외국인 회원 수는?

① 1300명 ② 1400명
③ 1500명 ④ 1600명

★ **TIP** D지점의 외국인이 차지하는 비율 : $0.1 \times 0.2 = 0.02 = 2(\%)$
A지점의 외국인이 차지하는 비율 : $0.2 \times 0.4 = 0.08 = 8(\%)$
D지점의 외국인 수가 400명이므로 $2 : 8 = 400 : x$
∴ $x = 1600$(명)

ANSWER 〉 25.③ 26.④ 27.② 28.④

| 29~30 | 다음에 제시된 투자 조건을 보고 물음에 답하시오.

투자안	판매단가(원/개)	고정비(원)	변동비(원/개)
A	2	20,000	1.5
B	2	60,000	1.0

1) 매출액 = 판매단가×매출량(개)
2) 매출원가 = 고정비+(변동비×매출량(개))
3) 매출이익 = 매출액−매출원가

29 위의 투자안 A와 B의 투자 조건을 보고 매출량과 매출이익을 해석한 것으로 옳은 것은?

① 매출량 증가폭 대비 매출이익의 증가폭은 투자안 A가 투자안 B보다 항상 작다.
② 매출량 증가폭 대비 매출이익의 증가폭은 투자안 A가 투자안 B보다 항상 크다.
③ 매출이익이 0이 되는 매출량은 투자안 A가 투자안 B보다 많다.
④ 매출이익이 0이 되는 매출량은 투자안 A가 투자안 B가 같다.

★TIP ①② 매출량 증가폭 대비 매출이익의 증가폭은 기울기를 의미하는 것이다.
매출량을 x, 매출이익을 y라고 할 때,
A는 $y = 2x - (20,000 + 1.5x) = -20,000 + 0.5x$
B는 $y = 2x - (60,000 + 1.0x) = -60,000 + x$
따라서 A의 기울기는 0.5, B의 기울이는 1이 돼서 매출량 증가폭 대비 매출이익의 증가폭은 투자안 A가 투자안 B보다 항상 작다.
③④ A의 매출이익은 매출량 40,000일 때 0이고, B의 매출이익은 매출량이 60,000일 때 0이 된다. 따라서 매출이익이 0이 되는 매출량은 투자안 A가 투자안 B보다 작다.

30 매출량이 60,000개라고 할 때, 투자안 A와 투자안 B를 비교한 매출이익은 어떻게 되겠는가?

① 투자안 A가 투자안 B보다 같다.
② 투자안 A가 투자안 B보다 작다.
③ 투자안 A가 투자안 B보다 크다.
④ 제시된 내용만으로 비교할 수 없다.

TIP ㉠ A의 매출이익
- 매출액 $= 2 \times 60,000 = 120,000$
- 매출원가 $= 20,000 + (1.5 \times 60,000) = 110,000$
- 매출이익 $= 120,000 - 110,000 = 10,000$

㉡ B의 매출이익
- 매출액 $= 2 \times 60,000 = 120,000$
- 매출원가 $= 60,000 + (1.0 \times 60,000) = 120,000$
- 매출이익 $= 120,000 - 120,000 = 0$

∴ 투자안 A가 투자안 B보다 크다.

06 공간지각력

CHAPTER

|1~5| 다음의 법칙을 찾아 물음표에 들어갈 도형을 찾으시오.

1

★ TIP 옆으로 이동할 때 검은 점이 하나씩 늘어나고 있다.

2

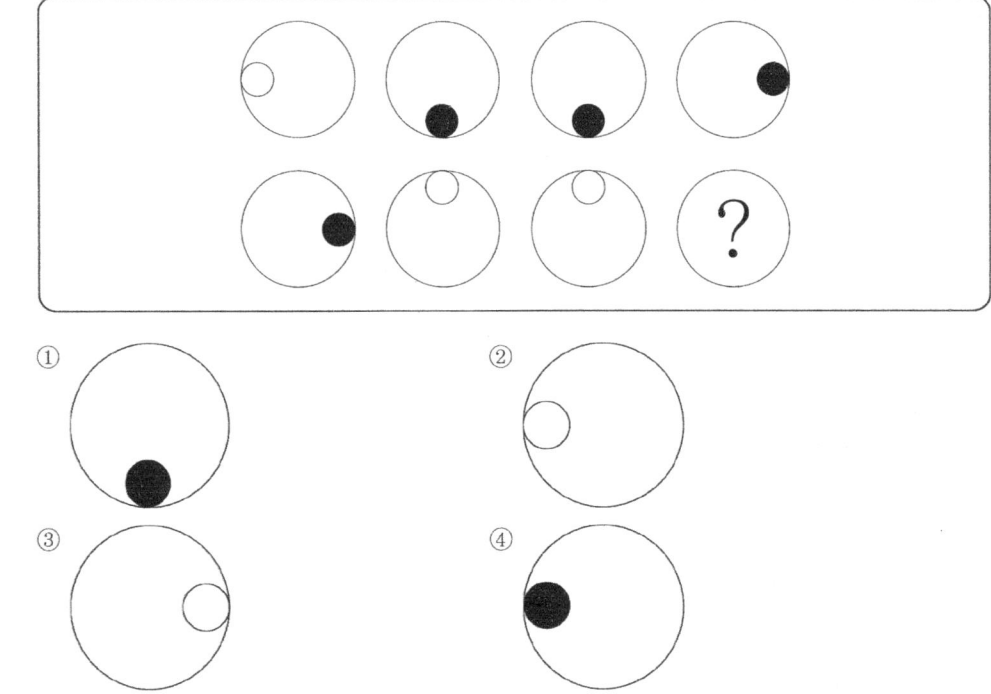

TIP 각각 첫째줄의 동그라미와 비교해볼때 두 번째 줄의 안쪽 작은 동그라미는 색이 반전하여 대칭에 위치해있다.

ANSWER 〉 1.④ 2.②

3

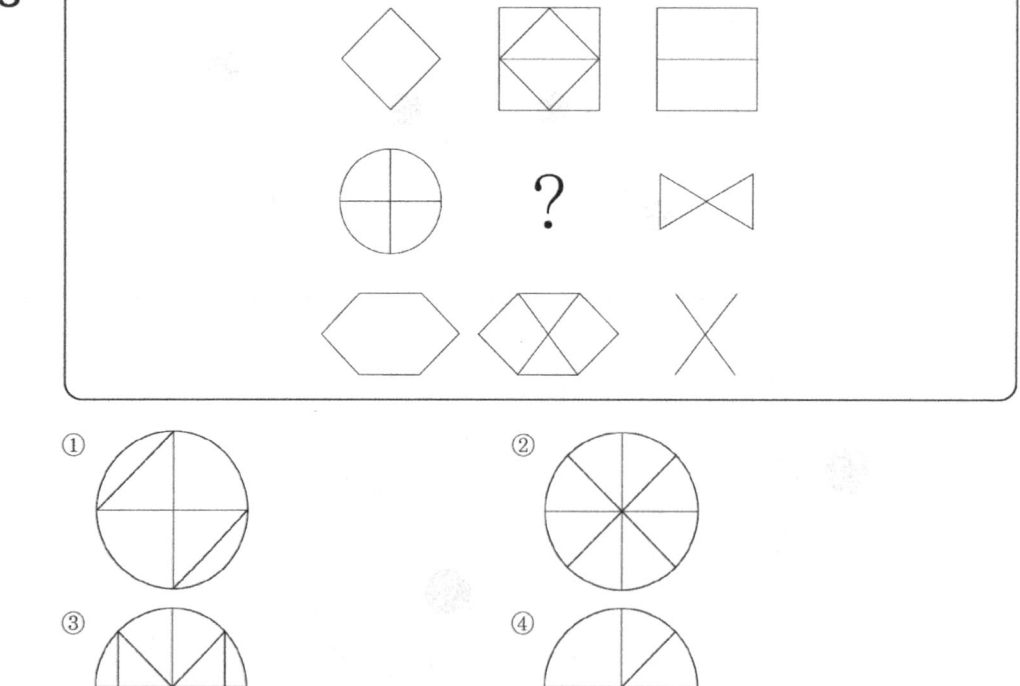

★ **TIP** 가운데 줄의 도형은 양쪽 도형을 한쪽으로 겹쳐 만들어진 도형이다.

4

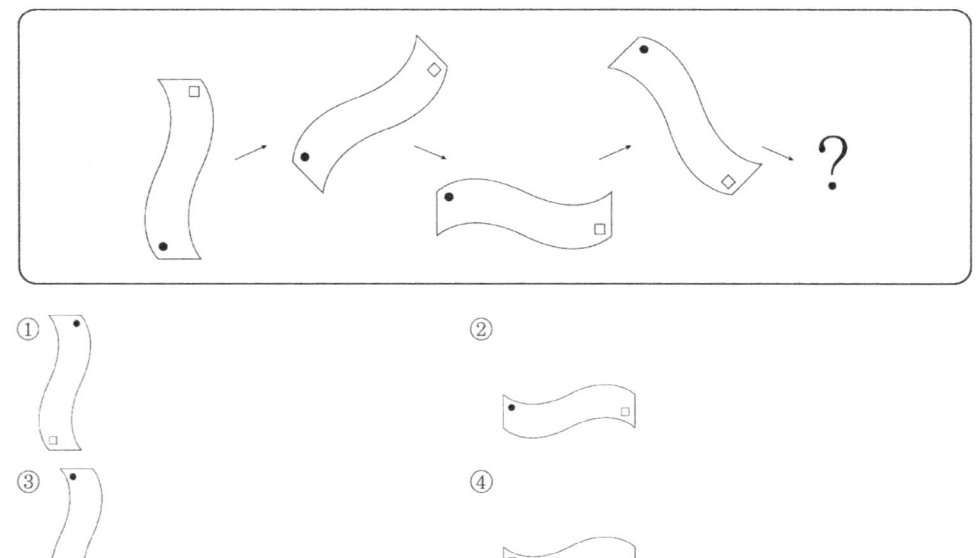

★ **TIP** 위 도형은 오른쪽으로 가면서 45°씩 이동하고 있다.

ANSWER 〉 3.③ 4.①

5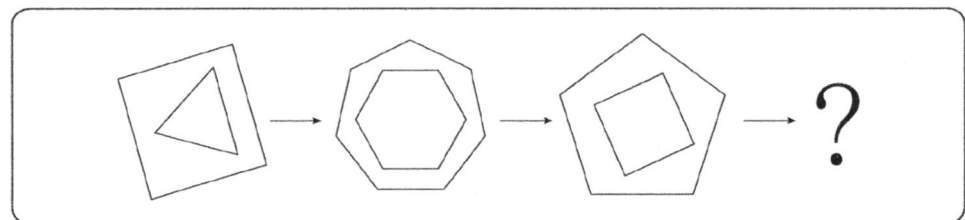

① 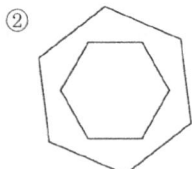   ②

③ 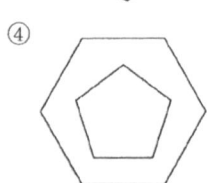   ④

★ **TIP** 각 도형들은 겉 도형보다 안쪽 도형의 각이 하나씩 작은 도형으로 이루어져 있다.
② 육각형 – 육각형
① 육각형 – 오각형
③ 사각형 – 삼각형
④ 육각형 – 오각형

|6~10| 다음 중 나머지 그림과 가장 다른 것을 찾으시오.

6 ① 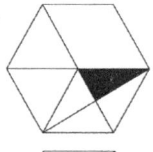 ②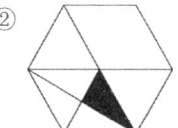

③ 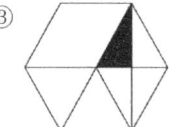 ④

✭ TIP

7 ① 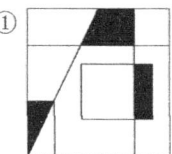 ②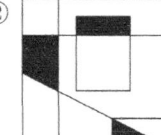

③ 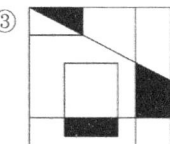 ④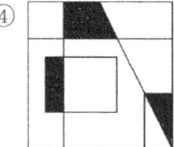

✭ TIP

ANSWER 〉 5.② 6.② 7.④

8 ①  ②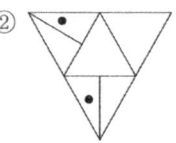

③ 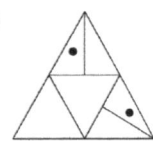 ④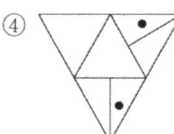

★TIP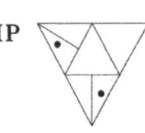

9 ① 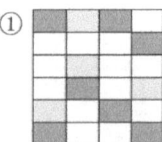 ②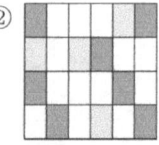

③ 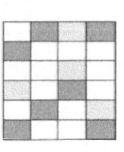 ④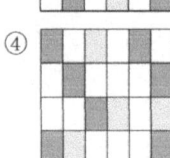

★TIP

10 ① 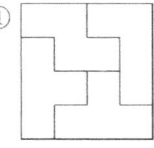 ②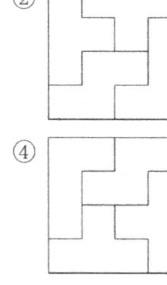

③ 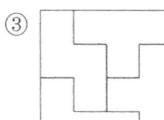 ④

★TIP

11 보기의 전개도로 만든 입체를 찾으시오.

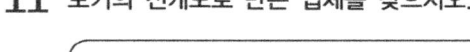

① 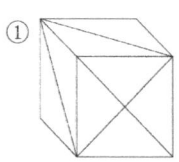 ②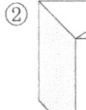

③ 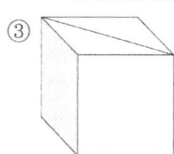 ④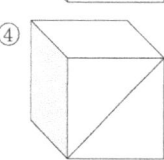

★TIP ①번은 분명히 나올 수 없으며
②번은 위 면의 사선이 잘못 그려졌다.
④번은 윗면이 X자가 그려진 면이 나와야 하므로
③번만 옳은 전개도가 된다.

ANSWER 〉 8.② 9.① 10.① 11.③

|12~16| 다음에 제시된 세 단면도에 모두 부합하는 입체도형을 고르시오.

12

정면도	평면도	우측면도

① 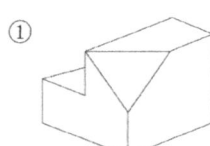   ②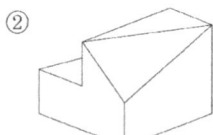

③ 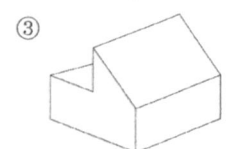   ④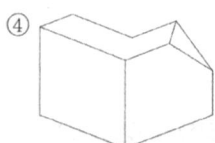

☆ TIP

	정면도	평면도	우측면도
②	문제와 같음		
③			
④			

13

정면도	평면도	우측면도

① 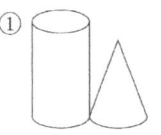   ②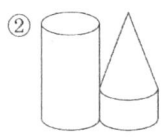

③ 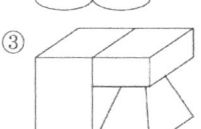   ④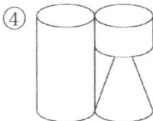

★TIP

	정면도	평면도	우측면도
①		문제와 같음	
②		문제와 같음	
③	문제와 같음		문제와 같음

ANSWER ▶ 12.① 13.④

06. 공간지각력 » 133

14

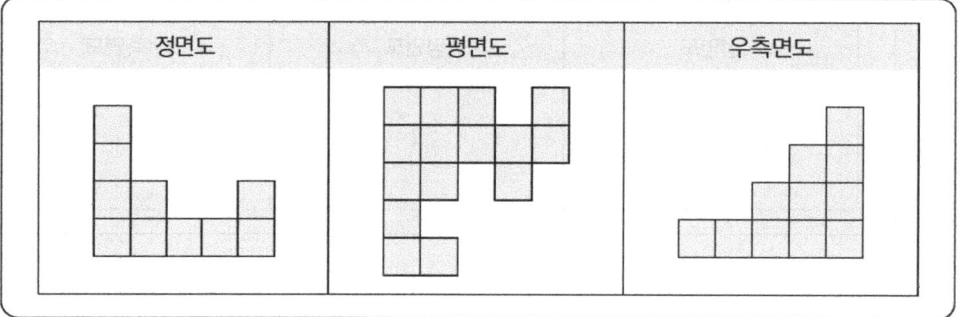

① 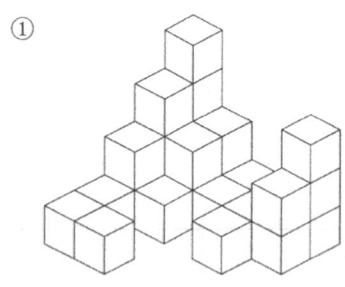   ②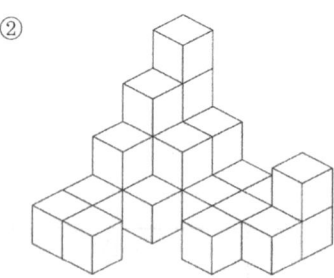

③ 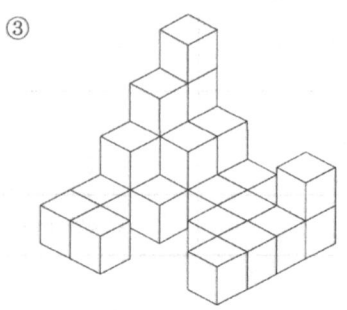   ④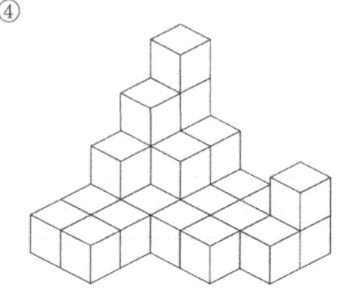

★**TIP** ① 평면도와 우측면도만 일치한다.
③④ 정면도와 우측면도만 일치한다.

15

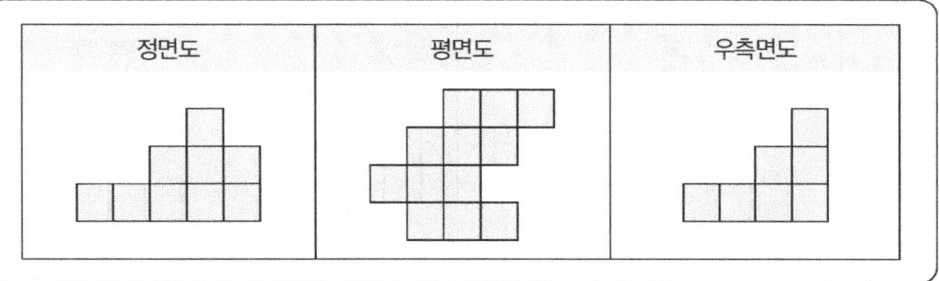

① 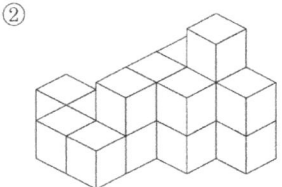   ②

③ 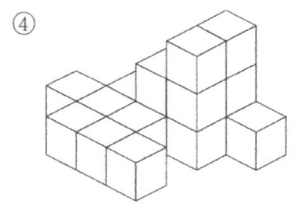   ④

★**TIP** ② 정면도만 일치한다.
③ 우측면도만 일치한다.
④ 평면도만 일치한다.

ANSWER 〉 14.② 15.①

16

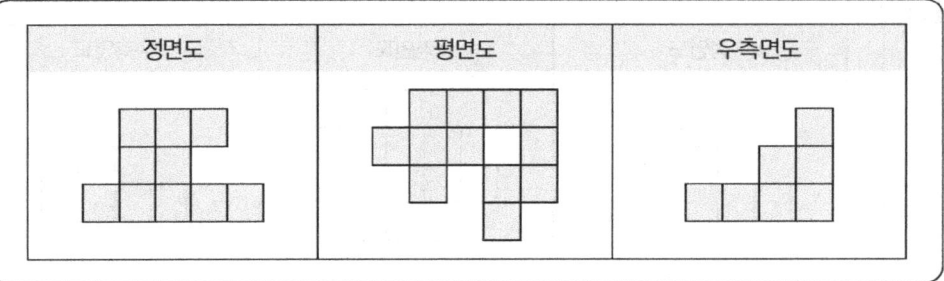

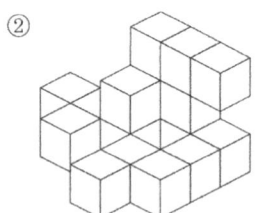

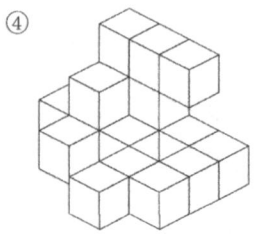

✯ **TIP** ① 모든 단면도와 일치하지 않는다.
② 평면도와 우측면도만 일치한다.
③ 정면도와 우측면도만 일치한다.

【17~21】 다음에 제시된 두 도형을 결합하였을 때, 만들 수 있는 형태가 아닌 것을 고르시오. (단, 도형은 어느 방향으로든 회전이 가능하다)

17

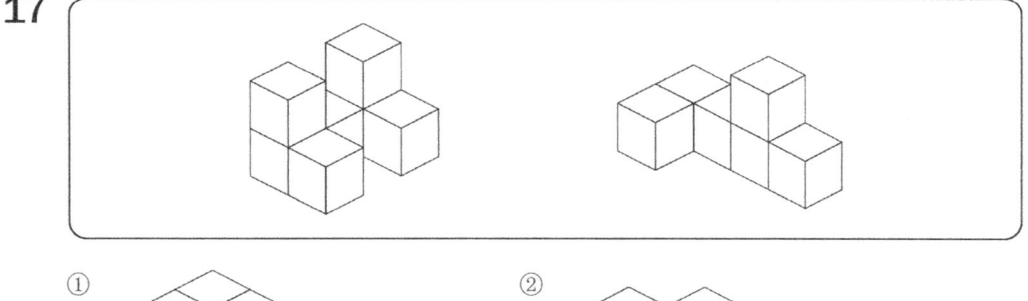

① 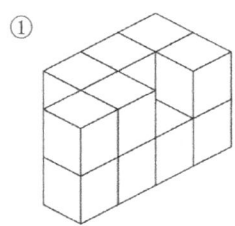   ②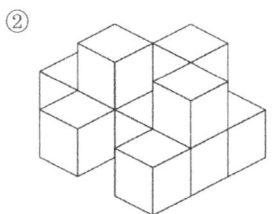

③ 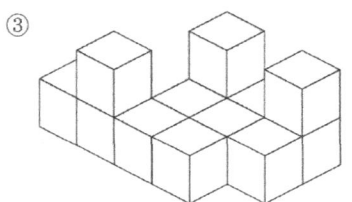   ④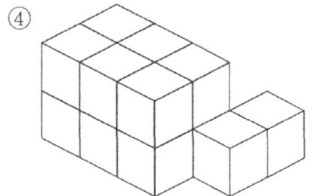

✭ TIP ④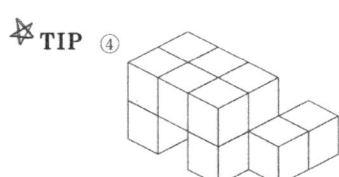

ANSWER 〉 16.④ 17.④

18

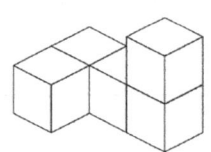 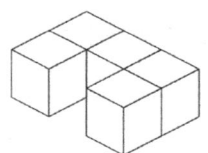

① 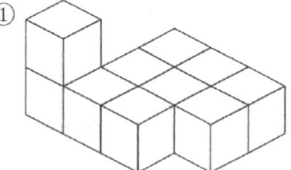 ②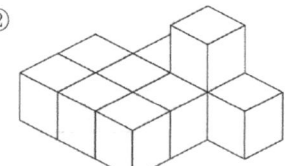

③ 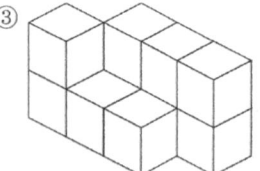 ④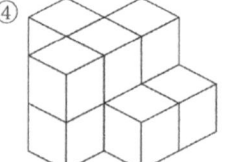

✮ TIP ②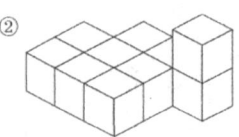

19

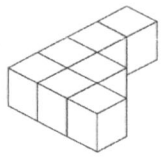 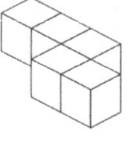

① 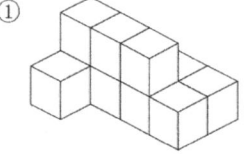 ②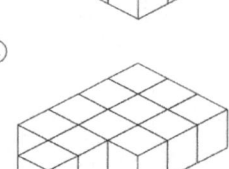

③ 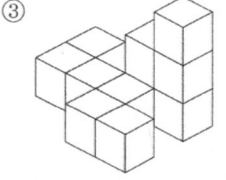 ④

✯ TIP ②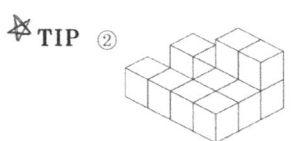

20

①

②

③

④

✯ TIP ①

ANSWER 〉 18.② 19.② 20.①

21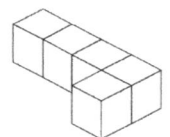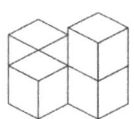

① 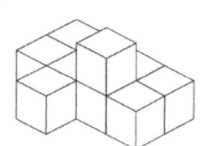   ②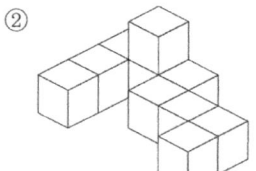

③ 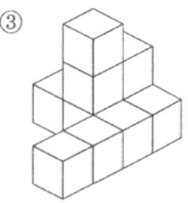   ④

✯ **TIP** ②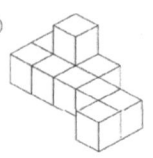

| 22~28 | 다음 전개도를 접었을 때, 나타나는 도형의 모양으로 알맞은 것을 고르시오.

22

① ② ③ ④

★ TIP

① 의 모양이 되어야 한다.
② 의 모양이 되어야 한다.
④ 의 모양이 되어야 한다.

ANSWER 〉 21.② 22.③

23

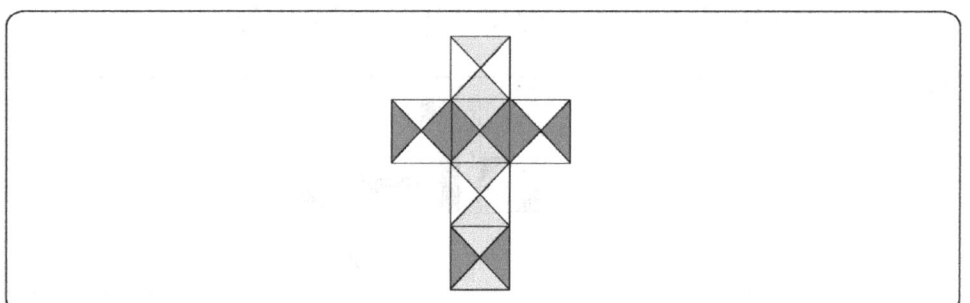

① 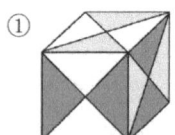   ②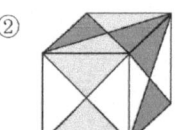

③ 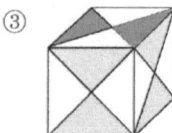   ④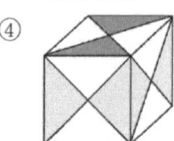

✵ **TIP**

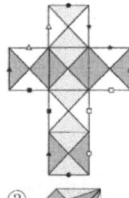

③ 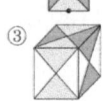 가 되어야 한다.

④ 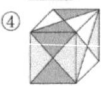 가 되어야 한다.

24

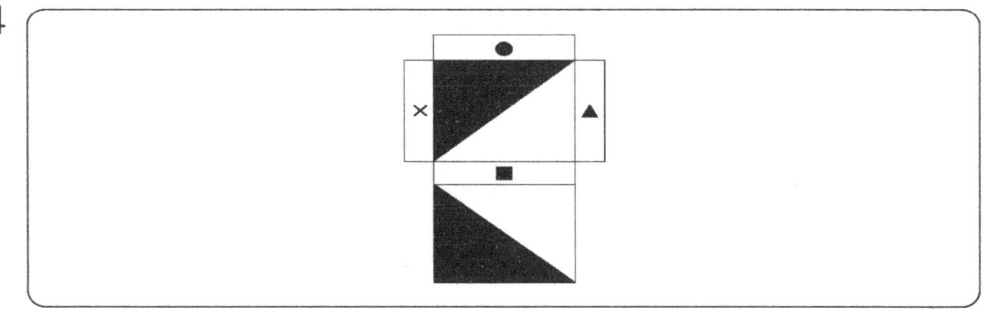

① 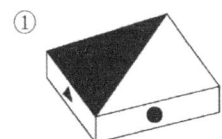   ②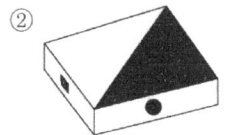

③ 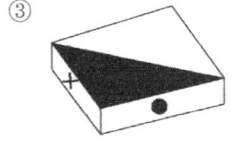   ④

✯ TIP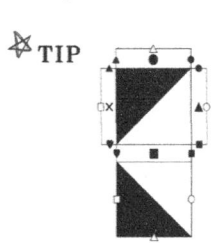

ANSWER 〉 23.② 24.③

25

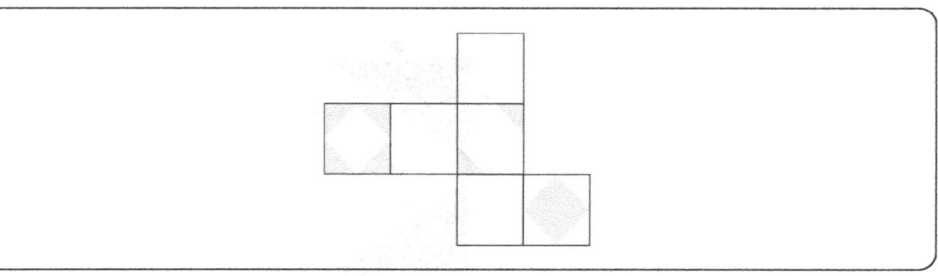

① 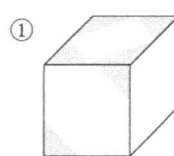　　②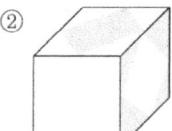

③ 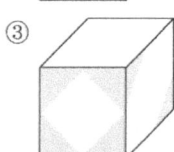　　④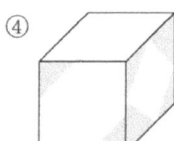

✪ **TIP**

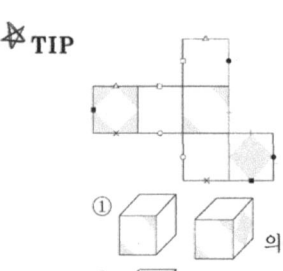

① 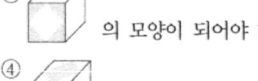 의 모양이 되어야 한다.

③ 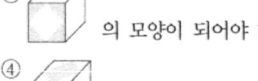 의 모양이 되어야 한다.

④ 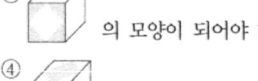 의 모양이 되어야 한다.

26

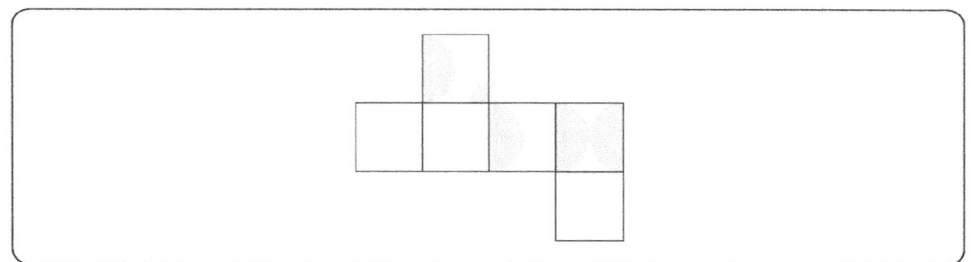

① 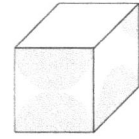 ②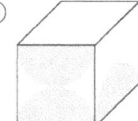

③ 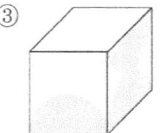 ④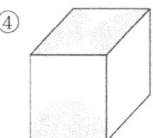

★ TIP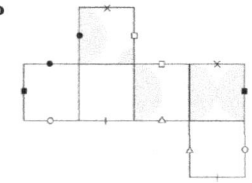

② ①의 모양이 되어야 한다.
③ 의 모양이 되어야 한다.
④ 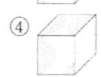 또는 의 모양이 되어야 한다.

ANSWER 〉 25.② 26.①

27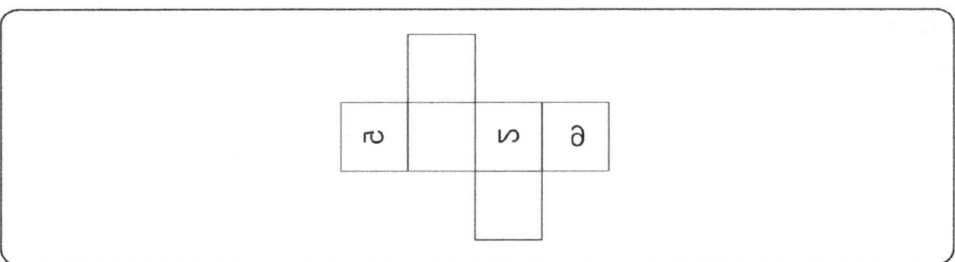

① 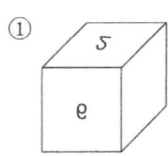   ②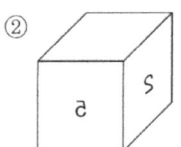

③ 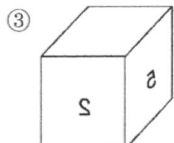   ④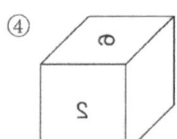

⭐ **TIP**

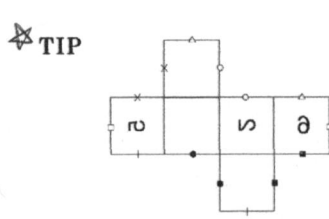

① 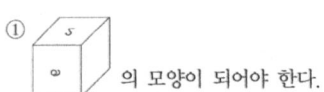 의 모양이 되어야 한다.

② 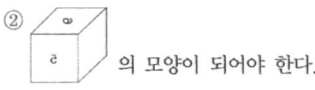 의 모양이 되어야 한다.

③ ④와 같은 모양이 되어야 한다.

28

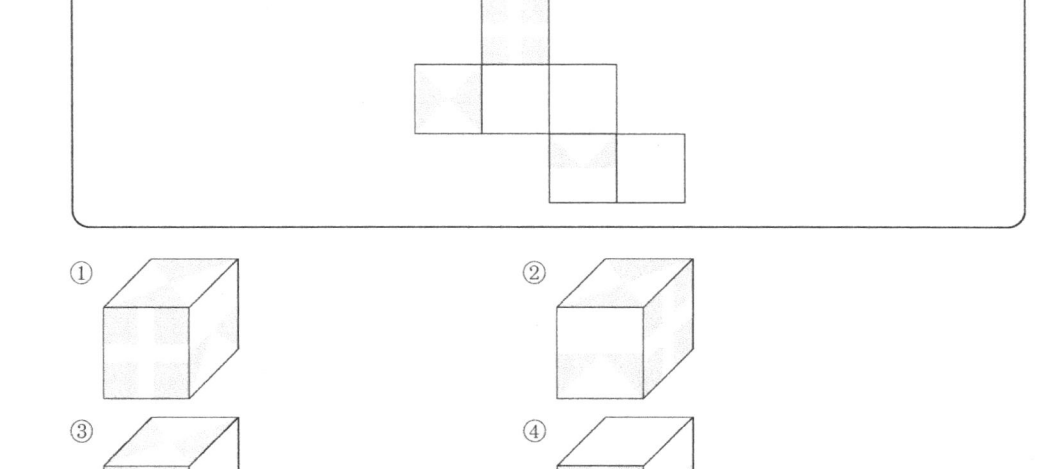

★ TIP

① ③의 모양이 되어야 한다.
② 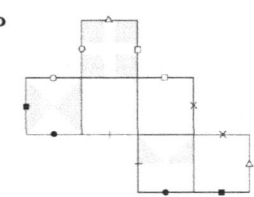 의 모양이 되어야 한다.
④  또는 , 의 모양이 되어야 한다.

ANSWER 〉 27.④ 28.③

인성검사

인재상에 부합하는지를 판단하기 위하여 인성검사를 시행합니다. 실전에 앞서 인성검사 유형을 파악해 보시기 바랍니다.

인성검사

01. 인성검사의 개요
02. 실전 인성검사

인성검사의 개요

1 인성(성격)검사의 개념과 목적

인성(성격)이란 개인을 특징짓는 평범하고 일상적인 사회적 이미지, 즉 지속적이고 일관된 공적 성격(Public-personality)이며, 환경에 대응함으로써 선천적·후천적 요소의 상호작용으로 결정화된 심리적·사회적 특성 및 경향을 의미한다.

인성검사는 직무적성검사를 실시하는 대부분의 기업체에서 병행하여 실시하고 있으며, 인성검사만 독자적으로 실시하는 기업도 있다.

기업체에서는 인성검사를 통하여 각 개인이 어떠한 성격 특성이 발달되어 있고, 어떤 특성이 얼마나 부족한지, 그것이 해당 직무의 특성 및 조직문화와 얼마나 맞는지를 알아보고 이에 적합한 인재를 선발하고자 한다. 또한 개인에게 적합한 직무 배분과 부족한 부분을 교육을 통해 보완하도록 할 수 있다.

인성검사의 측정요소는 검사방법에 따라 차이가 있다. 또한 각 기업체들이 사용하고 있는 인성검사는 기존에 개발된 인성검사방법에 각 기업체의 인재상을 적용하여 자신들에게 적합하게 재개발하여 사용하는 경우가 많다. 그러므로 기업체에서 요구하는 인재상을 파악하여 그에 따른 대비책을 준비하는 것이 바람직하다. 본서에서 제시된 인성검사는 크게 '특성'과 '유형'의 측면에서 측정하게 된다.

2 성격의 특성

(1) 정서적 측면

정서적 측면은 평소 마음의 당연시하는 자세나 정신상태가 얼마나 안정하고 있는지 또는 불안정한지를 측정한다.

정서의 상태는 직무수행이나 대인관계와 관련하여 태도나 행동으로 드러난다. 그러므로 정서적 측면을 측정하는 것에 의해, 장래 조직 내의 인간관계에 어느 정도 잘 적응할 수 있을까(또는 적응하지 못할까)를 예측하는 것이 가능하다.

그렇기 때문에, 정서적 측면의 결과는 채용 시에 상당히 중시된다. 아무리 능력이 좋아도 장기적으로 조직 내의 인간관계에 잘 적응할 수 없다고 판단되는 인재는 기본적으로는 채용되지 않는다.

일반적으로 인성(성격)검사는 채용과는 관계없다고 생각하나 정서적으로 조직에 적응하지 못하는 인재는 채용단계에서 가려내지는 것을 유의하여야 한다.

① **민감성**(신경도) … 꼼꼼함, 섬세함, 성실함 등의 요소를 통해 일반적으로 신경질적인지 또는 자신의 존재를 위협받는다는 불안을 갖기 쉬운지를 측정한다.

질문	그렇다	약간 그렇다	그저 그렇다	별로 그렇지 않다	그렇지 않다
• 남을 잘 배려한다고 생각한다. • 어질러진 방에 있으면 불안하다. • 실패 후에는 불안하다. • 세세한 것까지 신경 쓴다. • 이유 없이 불안할 때가 있다.					

▶측정결과

㉠ '그렇다'가 많은 경우(상처받기 쉬운 유형) : 사소한 일에 신경 쓰고 다른 사람의 사소한 한마디 말에 상처를 받기 쉽다.
- **면접관의 심리** : '동료들과 잘 지낼 수 있을까?', '실패할 때마다 위축되지 않을까?'
- **면접대책** : 다소 신경질적이라도 능력을 발휘할 수 있다는 평가를 얻도록 한다. 주변과 충분한 의사소통이 가능하고, 결정한 것을 실행할 수 있다는 것을 보여주어야 한다.

㉡ '그렇지 않다'가 많은 경우(정신적으로 안정적인 유형) : 사소한 일에 신경 쓰지 않고 금방 해결하며, 주위 사람의 말에 과민하게 반응하지 않는다.
- **면접관의 심리** : '계약할 때 필요한 유형이고, 사고 발생에도 유연하게 대처할 수 있다.'
- **면접대책** : 일반적으로 '민감성'의 측정치가 낮으면 플러스 평가를 받으므로 더욱 자신감 있는 모습을 보여준다.

② **자책성(과민도)** … 자신을 비난하거나 책망하는 정도를 측정한다.

질문	그렇다	약간 그렇다	그저 그렇다	별로 그렇지 않다	그렇지 않다
• 후회하는 일이 많다. • 자신이 하찮은 존재라 생각된다. • 문제가 발생하면 자기의 탓이라고 생각한다. • 무슨 일이든지 끙끙대며 진행하는 경향이 있다. • 온순한 편이다.					

▶측정결과

㉠ '그렇다'가 많은 경우(자책하는 유형) : 비관적이고 후회하는 유형이다.
 • 면접관의 심리 : '끙끙대며 괴로워하고, 일을 진행하지 못할 것 같다.'
 • 면접대책 : 기분이 저조해도 항상 의욕을 가지고 생활하는 것과 책임감이 강하다는 것을 보여준다.

㉡ '그렇지 않다'가 많은 경우(낙천적인 유형) : 기분이 항상 밝은 편이다.
 • 면접관의 심리 : '안정된 대인관계를 맺을 수 있고, 외부의 압력에도 흔들리지 않는다.'
 • 면접대책 : 일반적으로 '자책성'의 측정치가 낮아야 좋은 평가를 받는다.

③ **기분성(불안도)** … 기분의 굴곡이나 감정적인 면의 미숙함이 어느 정도인지를 측정하는 것이다.

질문	그렇다	약간 그렇다	그저 그렇다	별로 그렇지 않다	그렇지 않다
• 다른 사람의 의견에 자신의 결정이 흔들리는 경우가 많다. • 기분이 쉽게 변한다. • 종종 후회한다. • 다른 사람보다 의지가 약한 편이라고 생각한다. • 금방 싫증을 내는 성격이라는 말을 자주 듣는다.					

▶측정결과
㉠ '그렇다'가 많은 경우(감정의 기복이 많은 유형) : 의지력보다 기분에 따라 행동하기 쉽다.
 • 면접관의 심리 : '감정적인 것에 약하며, 상황에 따라 생산성이 떨어지지 않을까?'
 • 면접대책 : 주변 사람들과 항상 협조한다는 것을 강조하고 한결같은 상태로 일할 수 있다는 평가를 받도록 한다.
㉡ '그렇지 않다'가 많은 경우(감정의 기복이 적은 유형) : 감정의 기복이 없고, 안정적이다.
 • 면접관의 심리 : '안정적으로 업무에 임할 수 있다.'
 • 면접대책 : 기분성의 측정치가 낮으면 플러스 평가를 받으므로 자신감을 가지고 면접에 임한다.

④ **독자성(개인도)** … 주변에 대한 견해나 관심, 자신의 견해나 생각에 어느 정도의 속박감을 가지고 있는지를 측정한다.

질문	그렇다	약간 그렇다	그저 그렇다	별로 그렇지 않다	그렇지 않다
• 창의적 사고방식을 가지고 있다. • 융통성이 있는 편이다. • 혼자 있는 편이 많은 사람과 있는 것보다 편하다. • 개성적이라는 말을 듣는다. • 교제는 번거로운 것이라고 생각하는 경우가 많다.					

▶측정결과
㉠ '그렇다'가 많은 경우 : 자기의 관점을 중요하게 생각하는 유형으로, 주위의 상황보다 자신의 느낌과 생각을 중시한다.
 • 면접관의 심리 : '제멋대로 행동하지 않을까?'
 • 면접대책 : 주위 사람과 협조하여 일을 진행할 수 있다는 것과 상식에 얽매이지 않는다는 인상을 심어준다.
㉡ '그렇지 않다'가 많은 경우 : 상식적으로 행동하고 주변 사람의 시선에 신경을 쓴다.
 • 면접관의 심리 : '다른 직원들과 협조하여 업무를 진행할 수 있겠다.'
 • 면접대책 : 협조성이 요구되는 기업체에서는 플러스 평가를 받을 수 있다.

⑤ 자신감(자존심도) … 자기 자신에 대해 얼마나 긍정적으로 평가하는지를 측정한다.

질문	그렇다	약간 그렇다	그저 그렇다	별로 그렇지 않다	그렇지 않다
• 다른 사람보다 능력이 뛰어나다고 생각한다. • 다소 반대의견이 있어도 나만의 생각으로 행동할 수 있다. • 나는 다른 사람보다 기가 센 편이다. • 동료가 나를 모욕해도 무시할 수 있다. • 대개의 일을 목적한 대로 헤쳐나 갈 수 있다고 생각한다.					

▶측정결과
㉠ '그렇다'가 많은 경우 : 자기 능력이나 외모 등에 자신감이 있고, 비판당하는 것을 좋아하지 않는다.
  • 면접관의 심리 : '자만하여 지시에 잘 따를 수 있을까?'
  • 면접대책 : 다른 사람의 조언을 잘 받아들이고, 겸허하게 반성하는 면이 있다는 것을 보여주고, 동료들과 잘 지내며 리더의 자질이 있다는 것을 강조한다.
㉡ '그렇지 않다'가 많은 경우 : 자신감이 없고 다른 사람의 비판에 약하다.
  • 면접관의 심리 : '패기가 부족하지 않을까?', '쉽게 좌절하지 않을까?'
  • 면접대책 : 극도의 자신감 부족으로 평가되지는 않는다. 그러나 마음이 약한 면은 있지만 의욕적으로 일을 하겠다는 마음가짐을 보여준다.

⑥ **고양성**(분위기에 들뜨는 정도) … 자유분방함, 명랑함과 같이 감정(기분)의 높고 낮음의 정도를 측정한다.

질문	그렇다	약간 그렇다	그저 그렇다	별로 그렇지 않다	그렇지 않다
• 침착하지 못한 편이다.					
• 다른 사람보다 쉽게 우쭐해진다.					
• 모든 사람이 아는 유명인사가 되고 싶다.					
• 모임이나 집단에서 분위기를 이끄는 편이다.					
• 취미 등이 오랫동안 지속되지 않는 편이다.					

▶측정결과
㉠ '그렇다'가 많은 경우 : 자극이나 변화가 있는 일상을 원하고 기분을 들뜨게 하는 사람과 친밀하게 지내는 경향이 강하다.
  • 면접관의 심리 : '일을 진행하는 데 변덕스럽지 않을까?'
  • 면접대책 : 밝은 태도는 플러스 평가를 받을 수 있지만, 착실한 업무능력이 요구되는 직종에서는 마이너스 평가가 될 수 있다. 따라서 자기조절이 가능하다는 것을 보여준다.
㉡ '그렇지 않다'가 많은 경우 : 감정이 항상 일정하고, 속을 드러내 보이지 않는다.
  • 면접관의 심리 : '안정적인 업무 태도를 기대할 수 있겠다.'
  • 면접대책 : '고양성'의 낮음은 대체로 플러스 평가를 받을 수 있다. 그러나 '무엇을 생각하고 있는지 모르겠다' 등의 평을 듣지 않도록 주의한다.

⑦ **허위성(진위성)** … 필요 이상으로 자기를 좋게 보이려 하거나 기업체가 원하는 '이상형'에 맞춘 대답을 하고 있는지, 없는지를 측정한다.

질문	그렇다	약간 그렇다	그저 그렇다	별로 그렇지 않다	그렇지 않다
• 약속을 깨뜨린 적이 한 번도 없다.					
• 다른 사람을 부럽다고 생각해 본 적이 없다.					
• 꾸지람을 들은 적이 없다.					
• 사람을 미워한 적이 없다.					
• 화를 낸 적이 한 번도 없다.					

▶측정결과

㉠ '그렇다'가 많은 경우 : 실제의 자기와는 다른, 말하자면 원칙으로 해답할 가능성이 있다.
 • 면접관의 심리 : '거짓을 말하고 있다.'
 • 면접대책 : 조금이라도 좋게 보이려고 하는 '거짓말쟁이'로 평가될 수 있다. '거짓을 말하고 있다.' 는 마음 따위가 전혀 없다 해도 결과적으로는 정직하게 답하지 않는다는 것이 되어 버린다. '허위성'의 측정 질문은 구분되지 않고 다른 질문 중에 섞여 있다. 그러므로 모든 질문에 솔직하게 답하여야 한다. 또한 자기 자신과 너무 동떨어진 이미지로 답하면 좋은 결과를 얻지 못한다. 그리고 면접에서 '허위성'을 기본으로 한 질문을 받게 되므로 당황하거나 또 다른 모순된 답변을 하게 된다. 겉치레를 하거나 무리한 욕심을 부리지 말고 '이런 사회인이 되고 싶다.'는 현재의 자신보다, 조금 성장한 자신을 표현하는 정도가 적당하다.

㉡ '그렇지 않다'가 많은 경우 : 냉정하고 정직하며, 외부의 압력과 스트레스에 강한 유형이다. '대쪽 같음'의 이미지가 굳어지지 않도록 주의한다.

(2) 행동적인 측면

행동적 측면은 인격 중에 특히 행동으로 드러나기 쉬운 측면을 측정한다. 사람의 행동 특징 자체에는 선도 악도 없으나, 일반적으로는 일의 내용에 의해 원하는 행동이 있다. 때문에 행동적 측면은 주로 직종과 깊은 관계가 있는데 자신의 행동 특성을 살려 적합한 직종을 선택한다면 플러스가 될 수 있다.

행동 특성에서 보여 지는 특징은 면접장면에서도 드러나기 쉬운데 본서의 모의 TEST의 결과를 참고하여 자신의 태도, 행동이 면접관의 시선에 어떻게 비치는지를 점검하도록 한다.

① **사회적 내향성** … 대인관계에서 나타나는 행동경향으로 '낯가림'을 측정한다.

질문	선택
A : 파티에서는 사람을 소개받는 편이다. B : 파티에서는 사람을 소개하는 편이다.	
A : 처음 보는 사람과는 어색하게 시간을 보내는 편이다. B : 처음 보는 사람과는 즐거운 시간을 보내는 편이다.	
A : 친구가 적은 편이다. B : 친구가 많은 편이다.	
A : 자신의 의견을 말하는 경우가 적다. B : 자신의 의견을 말하는 경우가 많다.	
A : 사교적인 모임에 참석하는 것을 좋아하지 않는다. B : 사교적인 모임에 항상 참석한다.	

▶측정결과
㉠ 'A'가 많은 경우 : 내성적이고 사람들과 접하는 것에 소극적이다. 자신의 의견을 말하지 않고 조심스러운 편이다.
• 면접관의 심리 : '소극적인데 동료와 잘 지낼 수 있을까?'
• 면접대책 : 대인관계를 맺는 것을 싫어하지 않고 의욕적으로 일을 할 수 있다는 것을 보여준다.
㉡ 'B'가 많은 경우 : 사교적이고 자기의 생각을 명확하게 전달할 수 있다.
• 면접관의 심리 : '사교적이고 활동적인 것은 좋지만, 자기주장이 너무 강하지 않을까?'
• 면접대책 : 협조성을 보여주고, 자기주장이 너무 강하다는 인상을 주지 않도록 주의한다.

② 내성성(침착도) … 자신의 행동과 일에 대해 침착하게 생각하는 정도를 측정한다.

질문	선택
A : 시간이 걸려도 침착하게 생각하는 경우가 많다. B : 짧은 시간에 결정을 하는 경우가 많다.	
A : 실패의 원인을 찾고 반성하는 편이다. B : 실패를 해도 그다지(별로) 개의치 않는다.	
A : 결론이 도출되어도 몇 번 정도 생각을 바꾼다. B : 결론이 도출되면 신속하게 행동으로 옮긴다.	
A : 여러 가지 생각하는 것이 능숙하다. B : 여러 가지 일을 재빨리 능숙하게 처리하는 데 익숙하다.	
A : 여러 가지 측면에서 사물을 검토한다. B : 행동한 후 생각을 한다.	

▶측정결과
㉠ 'A'가 많은 경우 : 행동하기 보다는 생각하는 것을 좋아하고 신중하게 계획을 세워 실행한다.
• 면접관의 심리 : '행동으로 실천하지 못하고, 대응이 늦은 경향이 있지 않을까?'
• 면접대책 : 발로 뛰는 것을 좋아하고, 일을 더디게 한다는 인상을 주지 않도록 한다.
㉡ 'B'가 많은 경우 : 차분하게 생각하는 것보다 우선 행동하는 유형이다.
• 면접관의 심리 : '생각하는 것을 싫어하고 경솔한 행동을 하지 않을까?'
• 면접대책 : 계획을 세우고 행동할 수 있는 것을 보여주고 '사려 깊다'라는 인상을 남기도록 한다.

③ **신체활동성** … 몸을 움직이는 것을 좋아하는가를 측정한다.

질문	선택
A : 민첩하게 활동하는 편이다. B : 준비행동이 없는 편이다.	
A : 일을 척척 해치우는 편이다. B : 일을 더디게 처리하는 편이다.	
A : 활발하다는 말을 듣는다. B : 얌전하다는 말을 듣는다.	
A : 몸을 움직이는 것을 좋아한다. B : 가만히 있는 것을 좋아한다.	
A : 스포츠를 하는 것을 즐긴다. B : 스포츠를 보는 것을 좋아한다.	

▶측정결과
㉠ 'A'가 많은 경우 : 활동적이고, 몸을 움직이게 하는 것이 컨디션이 좋다.
• 면접관의 심리 : '활동적으로 활동력이 좋아 보인다.'
• 면접대책 : 활동하고 얻은 성과 등과 주어진 상황의 대응능력을 보여준다.
㉡ 'B'가 많은 경우 : 침착한 인상으로, 차분하게 있는 타입이다.
• 면접관의 심리 : '좀처럼 행동하려 하지 않아 보이고, 일을 빠르게 처리할 수 있을까?'

④ **지속성(노력성)** … 무슨 일이든 포기하지 않고 끈기 있게 하려는 정도를 측정한다.

질문	선택
A : 일단 시작한 일은 시간이 걸려도 끝까지 마무리한다. B : 일을 하다 어려움에 부딪히면 단념한다.	
A : 끈질긴 편이다. B : 바로 단념하는 편이다.	
A : 인내가 강하다는 말을 듣는다. B : 금방 싫증을 낸다는 말을 듣는다.	
A : 집념이 깊은 편이다. B : 담백한 편이다.	
A : 한 가지 일에 구애되는 것이 좋다고 생각한다. B : 간단하게 체념하는 것이 좋다고 생각한다.	

▶측정결과
㉠ 'A'가 많은 경우 : 시작한 것은 어려움이 있어도 포기하지 않고 인내심이 높다.
 • 면접관의 심리 : '한 가지의 일에 너무 구애되고, 업무의 진행이 원활할까?'
 • 면접대책 : 인내력이 있는 것은 플러스 평가를 받을 수 있지만 집착이 강해 보이기도 한다.
㉡ 'B'가 많은 경우 : 뒤끝이 없고 조그만 실패로 일을 포기하기 쉽다.
 • 면접관의 심리 : '질리는 경향이 있고, 일을 정확히 끝낼 수 있을까?'
 • 면접대책 : 지속적인 노력으로 성공했던 사례를 준비하도록 한다.

⑤ **신중성(주의성)** … 자신이 처한 주변상황을 즉시 파악하고 자신의 행동이 어떤 영향을 미치는지를 측정한다.

질문	선택
A : 여러 가지로 생각하면서 완벽하게 준비하는 편이다. B : 행동할 때부터 임기응변적인 대응을 하는 편이다.	
A : 신중해서 타이밍을 놓치는 편이다. B : 준비 부족으로 실패하는 편이다.	
A : 자신은 어떤 일에도 신중히 대응하는 편이다. B : 순간적인 충동으로 활동하는 편이다.	
A : 시험을 볼 때 끝날 때까지 재검토하는 편이다. B : 시험을 볼 때 한 번에 모든 것을 마치는 편이다.	
A : 일에 대해 계획표를 만들어 실행한다. B : 일에 대한 계획표 없이 진행한다.	

▶측정결과
㉠ 'A'가 많은 경우 : 주변 상황에 민감하고, 예측하여 계획 있게 일을 진행한다.
 • 면접관의 심리 : '너무 신중해서 적절한 판단을 할 수 있을까?', '앞으로의 상황에 불안을 느끼지 않을까?'
 • 면접대책 : 예측을 하고 실행을 하는 것은 플러스 평가가 되지만, 너무 신중하면 일의 진행이 정체될 가능성을 보이므로 추진력이 있다는 강한 의욕을 보여준다.
㉡ 'B'가 많은 경우 : 주변 상황을 살펴보지 않고 착실한 계획 없이 일을 진행시킨다.
 • 면접관의 심리 : '사려 깊지 않고, 실패하는 일이 많지 않을까?', '판단이 빠르고 유연한 사고를 할 수 있을까?'
 • 면접대책 : 사전준비를 중요하게 생각하고 있다는 것 등을 보여주고, 경솔한 인상을 주지 않도록 한다. 또한 판단력이 빠르거나 유연한 사고 덕분에 일 처리를 잘 할 수 있다는 것을 강조한다.

(3) 의욕적인 측면

의욕적인 측면은 의욕의 정도, 활동력의 유무 등을 측정한다. 여기서의 의욕이란 우리들이 보통 말하고 사용하는 '하려는 의지'와는 조금 뉘앙스가 다르다. '하려는 의지'란 그 때의 환경이나 기분에 따라 변화하는 것이지만, 여기에서는 조금 더 변화하기 어려운 특징, 말하자면 정신적 에너지의 양으로 측정하는 것이다.

의욕적 측면은 행동적 측면과는 다르고, 전반적으로 어느 정도 점수가 높은 쪽을 선호한다. 모의검사의 의욕적 측면의 결과가 낮다면, 평소 일에 몰두할 때 조금 의욕 있는 자세를 가지고 서서히 개선하도록 노력해야 한다.

① **달성의욕** … 목적의식을 가지고 높은 이상을 가지고 있는지를 측정한다.

질문	선택
A : 경쟁심이 강한 편이다. B : 경쟁심이 약한 편이다.	
A : 어떤 한 분야에서 제1인자가 되고 싶다고 생각한다. B : 어느 분야에서든 성실하게 임무를 진행하고 싶다고 생각한다.	
A : 규모가 큰일을 해보고 싶다. B : 맡은 일에 충실히 임하고 싶다.	
A : 아무리 노력해도 실패한 것은 아무런 도움이 되지 않는다. B : 가령 실패했을 지라도 나름대로의 노력이 있었으므로 괜찮다.	
A : 높은 목표를 설정하여 수행하는 것이 의욕적이다. B : 실현 가능한 정도의 목표를 설정하는 것이 의욕적이다.	

▶측정결과

㉠ 'A'가 많은 경우 : 큰 목표와 높은 이상을 가지고 승부욕이 강한 편이다.
  • 면접관의 심리 : '열심히 일을 해줄 것 같은 유형이다.'
  • 면접대책 : 달성의욕이 높다는 것은 어떤 직종이라도 플러스 평가가 된다.
㉡ 'B'가 많은 경우 : 현재의 생활을 소중하게 여기고 비약적인 발전을 위하여 기를 쓰지 않는다.
  • 면접관의 심리 : '외부의 압력에 약하고, 기획입안 등을 하기 어려울 것이다.'
  • 면접대책 : 일을 통하여 하고 싶은 것들을 구체적으로 어필한다.

② 활동의욕 … 자신에게 잠재된 에너지의 크기로, 정신적인 측면의 활동력이라 할 수 있다.

질문	선택
A : 하고 싶은 일을 실행으로 옮기는 편이다. B : 하고 싶은 일을 좀처럼 실행할 수 없는 편이다.	
A : 어려운 문제를 해결해 가는 것이 좋다. B : 어려운 문제를 해결하는 것을 잘하지 못한다.	
A : 일반적으로 결단이 빠른 편이다. B : 일반적으로 결단이 느린 편이다.	
A : 곤란한 상황에도 도전하는 편이다. B : 사물의 본질을 깊게 관찰하는 편이다.	
A : 시원시원하다는 말을 잘 듣는다. B : 꼼꼼하다는 말을 잘 듣는다.	

▶측정결과
㉠ 'A'가 많은 경우 : 꾸물거리는 것을 싫어하고 재빠르게 결단해서 행동하는 타입이다.
 • 면접관의 심리 : '일을 처리하는 솜씨가 좋고, 일을 척척 진행할 수 있을 것 같다.'
 • 면접대책 : 활동의욕이 높은 것은 플러스 평가가 된다. 사교성이나 활동성이 강하다는 인상을 준다.
㉡ 'B'가 많은 경우 : 안전하고 확실한 방법을 모색하고 차분하게 시간을 아껴서 일에 임하는 타입이다.
 • 면접관의 심리 : '재빨리 행동을 못하고, 일의 처리속도가 느린 것이 아닐까?'
 • 면접대책 : 활동성이 있는 것을 좋아하고 움직임이 더디다는 인상을 주지 않도록 한다.

3 성격의 유형

(1) 인성검사유형의 4가지 척도

정서적인 측면, 행동적인 측면, 의욕적인 측면의 요소들은 성격 특성이라는 관점에서 제시된 것들로 각 개인의 장·단점을 파악하는 데 유용하다. 그러나 전체적인 개인의 인성을 이해하는 데는 한계가 있다.

성격의 유형은 개인의 '성격적인 특색'을 가리키는 것으로, 사회인으로서 적합한지, 아닌지를 말하는 관점과는 관계가 없다. 따라서 채용의 합격 여부에는 사용되지 않는 경우가 많으며, 입사 후의 적정 부서 배치의 자료가 되는 편이라 생각하면 된다. 그러나 채용과 관계가 없다고 해서 아무런 준비도 필요없는 것은 아니다. 자신을 아는 것은 면접 대책의 밑거름이 되므로 모의검사 결과를 충분히 활용하도록 하여야 한다.

본서에서는 4개의 척도를 사용하여 기본적으로 16개의 패턴으로 성격의 유형을 분류하고 있다. 각 개인의 성격이 어떤 유형인지 재빨리 파악하기 위해 사용되며, '적성'에 맞는지, 맞지 않는지의 관점에 활용된다.

- 흥미·관심의 방향 : 내향형 ←————→ 외향형
- 사물에 대한 견해 : 직관형 ←————→ 감각형
- 판단하는 방법 : 감정형 ←————→ 사고형
- 환경에 대한 접근방법 : 지각형 ←————→ 판단형

(2) 성격유형

① 흥미·관심의 방향(내향⇆외향) … 흥미·관심의 방향이 자신의 내면에 있는지, 주위환경 등 외면에 향하는 지를 가리키는 척도이다.

질문	선택
A : 내성적인 성격인 편이다. B : 개방적인 성격인 편이다.	
A : 항상 신중하게 생각을 하는 편이다. B : 바로 행동에 착수하는 편이다.	
A : 수수하고 조심스러운 편이다. B : 자기 표현력이 강한 편이다.	
A : 다른 사람과 함께 있으면 침착하지 않다. B : 혼자서 있으면 침착하지 않다.	

▶측정결과
㉠ 'A'가 많은 경우(내향) : 관심의 방향이 자기 내면에 있으며, 조용하고 낯을 가리는 유형이다. 행동력은 부족하나 집중력이 뛰어나고 신중하고 꼼꼼하다.
㉡ 'B'가 많은 경우(외향) : 관심의 방향이 외부환경에 있으며, 사교적이고 활동적인 유형이다. 꼼꼼함이 부족하여 대충하는 경향이 있으나 행동력이 있다.

② 일(사물)을 보는 방법(직감⇋감각) … 일(사물)을 보는 법이 직감적으로 형식에 얽매이는지, 감각적으로 상식적인지를 가리키는 척도이다.

질문	선택
A : 현실주의적인 편이다. B : 상상력이 풍부한 편이다. A : 정형적인 방법으로 일을 처리하는 것을 좋아한다. B : 만들어진 방법에 변화가 있는 것을 좋아한다. A : 경험에서 가장 적합한 방법으로 선택한다. B : 지금까지 없었던 새로운 방법을 개척하는 것을 좋아한다. A : 호기심이 강하다는 말을 듣는다. B : 성실하다는 말을 듣는다.	

▶측정결과
  ㉠ 'A'가 많은 경우(감각) : 현실적이고 경험주의적이며 보수적인 유형이다.
  ㉡ 'B'가 많은 경우(직관) : 새로운 주제를 좋아하며, 독자적인 시각을 가진 유형이다.

③ 판단하는 방법(감정⇋사고) … 일을 감정적으로 판단하는지, 논리적으로 판단하는지를 가리키는 척도이다.

질문	선택
A : 인간관계를 중시하는 편이다. B : 일의 내용을 중시하는 편이다. A : 결론을 자기의 신념과 감정에서 이끌어내는 편이다. B : 결론을 논리적 사고에 의거하여 내리는 편이다. A : 다른 사람보다 동정적이고 눈물이 많은 편이다. B : 다른 사람보다 이성적이고 냉정하게 대응하는 편이다.	

▶측정결과
  ㉠ 'A'가 많은 경우(감정) : 일을 판단할 때 마음·감정을 중요하게 여기는 유형이다. 감정이 풍부하고 친절하나 엄격함이 부족하고 우유부단하며, 합리성이 부족하다.
  ㉡ 'B'가 많은 경우(사고) : 일을 판단할 때 논리성을 중요하게 여기는 유형이다. 이성적이고 합리적이나 타인에 대한 배려가 부족하다.

④ 환경에 대한 접근방법 … 주변상황에 어떻게 접근하는지, 그 판단기준을 어디에 두는지를 측정한다.

질문	선택
A : 사전에 계획을 세우지 않고 행동한다. B : 반드시 계획을 세우고 그것에 의거해서 행동한다.	
A : 자유롭게 행동하는 것을 좋아한다. B : 조직적으로 행동하는 것을 좋아한다.	
A : 조직성이나 관습에 속박당하지 않는다. B : 조직성이나 관습을 중요하게 여긴다.	
A : 계획 없이 낭비가 심한 편이다. B : 예산을 세워 물건을 구입하는 편이다.	

▶측정결과
㉠ 'A'가 많은 경우(지각) : 일의 변화에 융통성을 가지고 유연하게 대응하는 유형이다. 낙관적이며 질서보다는 자유를 좋아하나 임기응변식의 대응으로 무계획적인 인상을 줄 수 있다.
㉡ 'B'가 많은 경우(판단) : 일의 진행시 계획을 세워서 실행하는 유형이다. 순차적으로 진행하는 일을 좋아하고 끈기가 있으나 변화에 대해 적절하게 대응하지 못하는 경향이 있다.

(3) 성격유형의 판정

성격유형은 합격 여부의 판정보다는 배치를 위한 자료로써 이용된다. 즉, 기업은 입사시험단계에서 입사 후에도 사용할 수 있는 정보를 입수하고 있다는 것이다. 성격검사에서는 어느 척도가 얼마나 고득점이었는지에 주시하고 각각의 측면에서 반드시 하나씩 고르고 편성한다. 편성은 모두 16가지가 되나 각각의 측면을 더 세분하면 200가지 이상의 유형이 나온다.

여기에서는 16가지 편성을 제시한다. 성격검사에 어떤 정보가 게재되어 있는지를 이해하면서 자기의 성격유형을 파악하기 위한 실마리로 활용하도록 한다.

① 내향 - 직관 - 감정 - 지각(TYPE A)
관심이 내면에 향하고 조용하고 소극적이다. 사물에 대한 견해는 새로운 것에 대해 호기심이 강하고, 독창적이다. 감정은 좋아하는 것과 싫어하는 것의 판단이 확실하고, 감정이 풍부하고 따뜻한 느낌이 있는 반면, 합리성이 부족한 경향이 있다. 환경에 접근하는 방법은 순응적이고 상황의 변화에 대해 유연하게 대응하는 것을 잘한다.

② 내향 - 직관 - 감정 - 사고(TYPE B)

관심이 내면으로 향하고 조용하고 쑥스러움을 잘 타는 편이다. 사물을 보는 관점은 독창적이며, 자기 나름대로 궁리하며 생각하는 일이 많다. 좋고 싫음으로 판단하는 경향이 강하고 타인에게는 친절한 반면, 우유부단하기 쉬운 편이다. 환경 변화에 대해 유연하게 대응하는 것을 잘한다.

③ 내향 - 직관 - 사고 - 지각(TYPE C)

관심이 내면으로 향하고 얌전하고 교제범위가 좁다. 사물을 보는 관점은 독창적이며, 현실에서 먼 추상적인 것을 생각하기를 좋아한다. 논리적으로 생각하고 판단하는 경향이 강하고 이성적이지만, 남의 감정에 대해서는 무반응인 경향이 있다. 환경의 변화에 순응적이고 융통성 있게 임기응변으로 대응할 수가 있다.

④ 내향 - 직관 - 사고 - 판단(TYPE D)

관심이 내면으로 향하고 주의 깊고 신중하게 행동을 한다. 사물을 보는 관점은 독창적이며 논리를 좋아해서 이치를 따지는 경향이 있다. 논리적으로 생각하고 판단하는 경향이 강하고, 객관적이지만 상대방의 마음에 대한 배려가 부족한 경향이 있다. 환경에 대해서는 순응하는 것보다 대응하며, 한 번 정한 것은 끈질기게 행동하려 한다.

⑤ 내향 - 감각 - 감정 - 지각(TYPE E)

관심이 내면으로 향하고 조용하며 소극적이다. 사물을 보는 관점은 상식적이고 그대로의 것을 좋아하는 경향이 있다. 좋음과 싫음으로 판단하는 경향이 강하고 타인에 대해서 동정심이 많은 반면, 엄격한 면이 부족한 경향이 있다. 환경에 대해서는 순응적이고, 예측할 수 없다 해도 태연하게 행동하는 경향이 있다.

⑥ 내향 - 감각 - 감정 - 판단(TYPE F)

관심이 내면으로 향하고 얌전하며 쑥스러움을 많이 탄다. 사물을 보는 관점은 상식적이고 논리적으로 생각하는 것보다도 경험을 중요시하는 경향이 있다. 좋고 싫음으로 판단하는 경향이 강하고 사람이 좋은 반면, 개인적 취향이나 소원에 영향을 받는 일이 많은 경향이 있다. 환경에 대해서는 영향을 받지 않고, 자기 페이스대로 꾸준히 성취하는 일을 잘한다.

⑦ 내향 - 감각 - 사고 - 지각(TYPE G)

관심이 내면으로 향하고 얌전하고 교제범위가 좁다. 사물을 보는 관점은 상식적인 동시에 실천적이며, 틀에 박힌 형식을 좋아한다. 논리적으로 판단하는 경향이 강하고 침착하지만 사람에 대해서는 엄격하여 차가운 인상을 주는 일이 많다. 환경에 대해서 순응적이고, 계획적으로 행동하지 않으며 자유로운 행동을 좋아하는 경향이 있다.

⑧ 내향 – 감각 – 사고 – 판단(TYPE H)
관심이 내면으로 향하고 주의 깊고 신중하게 행동을 한다. 사물을 보는 관점이 상식적이고 새롭고 경험하지 못한 일에 대응을 잘 하지 못한다. 논리적으로 생각하고 판단하는 경향이 강하고, 공평하지만 상대방의 감정에 대해 배려가 부족할 때가 있다. 환경에 대해서는 작용하는 편이고, 질서 있게 행동하는 것을 좋아한다.

⑨ 외향 – 직관 – 감정 – 지각(TYPE I)
관심이 외향으로 향하고 밝고 활동적이며 교제범위가 넓다. 사물을 보는 관점은 독창적이고 호기심이 강하며 새로운 것을 생각하는 것을 좋아한다. 좋음 싫음으로 판단하는 경향이 강하다. 사람은 좋은 반면 개인적 취향이나 소원에 영향을 받는 일이 많은 편이다.

⑩ 외향 – 직관 – 감정 – 판단(TYPE J)
관심이 외향으로 향하고 개방적이며 누구와도 쉽게 친해질 수 있다. 사물을 보는 관점은 독창적이고 자기 나름대로 궁리하고 생각하는 면이 많다. 좋음과 싫음으로 판단하는 경향이 강하고, 타인에 대해 동정적이기 쉽고 엄격함이 부족한 경향이 있다. 환경에 대해서는 작용하는 편이고 질서 있는 행동을 하는 것을 좋아한다.

⑪ 외향 – 직관 – 사고 – 지각(TYPE K)
관심이 외향으로 향하고 태도가 분명하며 활동적이다. 사물을 보는 관점은 독창적이고 현실과 거리가 있는 추상적인 것을 생각하는 것을 좋아한다. 논리적으로 생각하고 판단하는 경향이 강하고, 공평하지만 상대에 대한 배려가 부족할 때가 있다.

⑫ 외향 – 직관 – 사고 – 판단(TYPE L)
관심이 외향으로 향하고 밝고 명랑한 성격이며 사교적인 것을 좋아한다. 사물을 보는 관점은 독창적이고 논리적인 것을 좋아하기 때문에 이치를 따지는 경향이 있다. 논리적으로 생각하고 판단하는 경향이 강하고 침착성이 뛰어나지만 사람에 대해서 엄격하고 차가운 인상을 주는 경우가 많다. 환경에 대해 작용하는 편이고 계획을 세우고 착실하게 실행하는 것을 좋아한다.

⑬ 외향 – 감각 – 감정 – 지각(TYPE M)
관심이 외향으로 향하고 밝고 활동적이고 교제범위가 넓다. 사물을 보는 관점은 상식적이고 종래대로 있는 것을 좋아한다. 보수적인 경향이 있고 좋아함과 싫어함으로 판단하는 경향이 강하며 타인에게는 친절한 반면, 우유부단한 경우가 많다. 환경에 대해 순응적이고, 융통성이 있고 임기응변으로 대응할 가능성이 높다.

⑭ 외향 - 감각 - 감정 - 판단(TYPE N)

관심이 외향으로 향하고 개방적이며 누구와도 쉽게 대면할 수 있다. 사물을 보는 관점은 상식적이고 논리적으로 생각하기보다는 경험을 중시하는 편이다. 좋아함과 싫어함으로 판단하는 경향이 강하고 감정이 풍부하며 따뜻한 느낌이 있는 반면에 합리성이 부족한 경우가 많다. 환경에 대해서 작용하는 편이고, 한 번 결정한 것은 끈질기게 실행하려고 한다.

⑮ 외향 - 감각 - 사고 - 지각(TYPE O)

관심이 외향으로 향하고 시원한 태도이며 활동적이다. 사물을 보는 관점이 상식적이며 동시에 실천적이고 명백한 형식을 좋아하는 경향이 있다. 논리적으로 생각하고 판단하는 경향이 강하고, 객관적이지만 상대 마음에 대해 배려가 부족한 경향이 있다.

⑯ 외향 - 감각 - 사고 - 판단(TYPE P)

관심이 외향으로 향하고 밝고 명랑하며 사교적인 것을 좋아한다. 사물을 보는 관점은 상식적이고 경험하지 못한 새로운 것에 대응을 잘 하지 못한다. 논리적으로 생각하고 판단하는 경향이 강하고 이성적이지만 사람의 감정에 무심한 경향이 있다. 환경에 대해서는 작용하는 편이고, 자기 페이스대로 꾸준히 성취하는 것을 잘한다.

4 인성검사의 대책

(1) 미리 알아두어야 할 점

① 출제 문항 수 … 인성검사의 출제 문항 수는 특별히 정해진 것이 아니며 각 기업체의 기준에 따라 달라질 수 있다. 보통 100문항 이상에서 500문항까지 출제된다고 예상하면 된다.

② 출제형식

㉠ '예' 아니면 '아니오'의 형식

다음 문항을 읽고 자신에게 해당되는지 안 되는지를 판단하여 해당될 경우 '예'를, 해당되지 않을 경우 '아니오'를 고르시오.

질문	예	아니오
1. 자신의 생각이나 의견은 좀처럼 변하지 않는다.	○	
2. 구입한 후 끝까지 읽지 않은 책이 많다.		○

다음 문항에 대해서 평소에 자신이 생각하고 있는 것이나 행동하고 있는 것에 ○표를 하시오.

질문	그렇다	약간 그렇다	그저 그렇다	별로 그렇지 않다	그렇지 않다
1. 시간에 쫓기는 것이 싫다.		○			
2. 여행가기 전에 계획을 세운다.			○		

㉡ A와 B의 선택형식

A와 B에 주어진 문장을 읽고 자신에게 해당되는 것을 고르시오.

질문	선택
A : 걱정거리가 있어서 잠을 못 잘 때가 있다.	(○)
B : 걱정거리가 있어도 잠을 잘 잔다.	( )

(2) 임하는 자세

① **솔직하게 있는 그대로 표현한다** … 인성검사는 평범한 일상생활 내용들을 다룬 짧은 문장과 어떤 대상이나 일에 대한 선로를 선택하는 문장으로 구성되었으므로 평소에 자신이 생각한 바를 너무 골똘히 생각하지 말고 문제를 보는 순간 떠오른 것을 표현한다.

② **모든 문제를 신속하게 대답한다** … 인성검사는 시간제한이 없는 것이 원칙이지만 기업체들은 일정한 시간제한을 두고 있다. 인성검사는 개인의 성격과 자질을 알아보기 위한 검사이기 때문에 정답이 없다. 다만, 기업체에서 바람직하게 생각하거나 기대되는 결과가 있을 뿐이다. 따라서 시간에 쫓겨서 대충 대답을 하는 것은 바람직하지 못하다.

02 실전 인성검사

CHAPTER

┃1~450┃ 다음 제시된 문항이 당신에게 해당한다면 YES, 그렇지 않다면 NO를 선택하시오.

	YES	NO
1. 조금이라도 나쁜 소식은 절망의 시작이라고 생각해버린다.	( )	( )
2. 언제나 실패가 걱정이 되어 어쩔 줄 모른다.	( )	( )
3. 다수결의 의견에 따르는 편이다.	( )	( )
4. 혼자서 커피숍에 들어가는 것은 전혀 두려운 일이 아니다.	( )	( )
5. 승부근성이 강하다.	( )	( )
6. 자주 흥분해서 침착하지 못하다.	( )	( )
7. 지금까지 살면서 타인에게 폐를 끼친 적이 없다.	( )	( )
8. 소곤소곤 이야기하는 것을 보면 자기에 대해 험담하고 있는 것으로 생각된다.	( )	( )
9. 무엇이든지 자기가 나쁘다고 생각하는 편이다.	( )	( )
10. 자신을 변덕스러운 사람이라고 생각한다.	( )	( )
11. 고독을 즐기는 편이다.	( )	( )
12. 자존심이 강하다고 생각한다.	( )	( )
13. 금방 흥분하는 성격이다.	( )	( )
14. 거짓말을 한 적이 없다.	( )	( )
15. 신경질적인 편이다.	( )	( )
16. 끙끙대며 고민하는 타입이다.	( )	( )
17. 감정적인 사람이라고 생각한다.	( )	( )
18. 자신만의 신념을 가지고 있다.	( )	( )
19. 다른 사람을 바보 같다고 생각한 적이 있다.	( )	( )
20. 금방 말해버리는 편이다.	( )	( )
21. 싫어하는 사람이 없다.	( )	( )
22. 대재앙이 오지 않을까 항상 걱정을 한다.	( )	( )
23. 쓸데없는 고생을 사서 하는 일이 많다.	( )	( )
24. 자주 생각이 바뀌는 편이다.	( )	( )

	YES	NO
25. 문제점을 해결하기 위해 여러 사람과 상의한다.	( )	( )
26. 내 방식대로 일을 한다.	( )	( )
27. 영화를 보고 운 적이 많다.	( )	( )
28. 어떤 것에 대해서도 화낸 적이 없다.	( )	( )
29. 사소한 충고에도 걱정을 한다.	( )	( )
30. 자신은 도움이 안되는 사람이라고 생각한다.	( )	( )
31. 금방 싫증을 내는 편이다.	( )	( )
32. 개성적인 사람이라고 생각한다.	( )	( )
33. 자기 주장이 강한 편이다.	( )	( )
34. 산만하다는 말을 들은 적이 있다.	( )	( )
35. 학교를 쉬고 싶다고 생각한 적이 한 번도 없다.	( )	( )
36. 사람들과 관계맺는 것을 보면 잘하지 못한다.	( )	( )
37. 사려깊은 편이다.	( )	( )
38. 몸을 움직이는 것을 좋아한다.	( )	( )
39. 끈기가 있는 편이다.	( )	( )
40. 신중한 편이라고 생각한다.	( )	( )
41. 인생의 목표는 큰 것이 좋다.	( )	( )
42. 어떤 일이라도 바로 시작하는 타입이다.	( )	( )
43. 낯가림을 하는 편이다.	( )	( )
44. 생각하고 나서 행동하는 편이다.	( )	( )
45. 쉬는 날은 밖으로 나가는 경우가 많다.	( )	( )
46. 시작한 일은 반드시 완성시킨다.	( )	( )
47. 면밀한 계획을 세운 여행을 좋아한다.	( )	( )
48. 야망이 있는 편이라고 생각한다.	( )	( )
49. 활동력이 있는 편이다.	( )	( )
50. 많은 사람들과 와자지껄하게 식사하는 것을 좋아하지 않는다.	( )	( )
51. 돈을 허비한 적이 없다.	( )	( )
52. 운동회를 아주 좋아하고 기대했다.	( )	( )
53. 하나의 취미에 열중하는 타입이다.	( )	( )
54. 모임에서 회장에 어울린다고 생각한다.	( )	( )
55. 입신출세의 성공이야기를 좋아한다.	( )	( )
56. 어떠한 일도 의욕을 가지고 임하는 편이다.	( )	( )
57. 학급에서는 존재가 희미했다.	( )	( )
58. 항상 무언가를 생각하고 있다.	( )	( )

		YES	NO
59.	스포츠는 보는 것보다 하는 게 좋다.	( )	( )
60.	'참 잘했네요'라는 말을 듣는다.	( )	( )
61.	흐린 날은 반드시 우산을 가지고 간다.	( )	( )
62.	주연상을 받을 수 있는 배우를 좋아한다.	( )	( )
63.	공격하는 타입이라고 생각한다.	( )	( )
64.	리드를 받는 편이다.	( )	( )
65.	너무 신중해서 기회를 놓친 적이 있다.	( )	( )
66.	시원시원하게 움직이는 타입이다.	( )	( )
67.	야근을 해서라도 업무를 끝낸다.	( )	( )
68.	누군가를 방문할 때는 반드시 사전에 확인한다.	( )	( )
69.	노력해도 결과가 따르지 않으면 의미가 없다.	( )	( )
70.	무조건 행동해야 한다.	( )	( )
71.	유행에 둔감하다고 생각한다.	( )	( )
72.	정해진 대로 움직이는 것은 시시하다.	( )	( )
73.	꿈을 계속 가지고 있고 싶다.	( )	( )
74.	질서보다 자유를 중요시하는 편이다.	( )	( )
75.	혼자서 취미에 몰두하는 것을 좋아한다.	( )	( )
76.	직관적으로 판단하는 편이다.	( )	( )
77.	영화나 드라마를 보면 등장인물의 감정에 이입된다.	( )	( )
78.	시대의 흐름에 역행해서라도 자신을 관철하고 싶다.	( )	( )
79.	다른 사람의 소문에 관심이 없다.	( )	( )
80.	창조적인 편이다.	( )	( )
81.	비교적 눈물이 많은 편이다.	( )	( )
82.	융통성이 있다고 생각한다.	( )	( )
83.	친구의 휴대전화 번호를 잘 모른다.	( )	( )
84.	스스로 고안하는 것을 좋아한다.	( )	( )
85.	정이 두터운 사람으로 남고 싶다.	( )	( )
86.	조직의 일원으로 별로 안 어울린다.	( )	( )
87.	세상의 일에 별로 관심이 없다.	( )	( )
88.	변화를 추구하는 편이다.	( )	( )
89.	업무는 인간관계로 선택한다.	( )	( )
90.	환경이 변하는 것에 구애되지 않는다.	( )	( )
91.	불안감이 강한 편이다.	( )	( )
92.	인생은 살 가치가 없다고 생각한다.	( )	( )

	YES	NO

93. 의지가 약한 편이다. ·····( )( )
94. 다른 사람이 하는 일에 별로 관심이 없다. ·····( )( )
95. 사람을 설득시키는 것은 어렵지 않다. ·····( )( )
96. 심심한 것을 못 참는다. ·····( )( )
97. 다른 사람을 욕한 적이 한 번도 없다. ·····( )( )
98. 다른 사람에게 어떻게 보일지 신경을 쓴다. ·····( )( )
99. 금방 낙심하는 편이다. ·····( )( )
100. 다른 사람에게 의존하는 경향이 있다. ·····( )( )
101. 그다지 융통성이 있는 편이 아니다. ·····( )( )
102. 다른 사람이 내 의견에 간섭하는 것이 싫다. ·····( )( )
103. 낙천적인 편이다. ·····( )( )
104. 숙제를 잊어버린 적이 한 번도 없다. ·····( )( )
105. 밤길에는 발소리가 들리기만 해도 불안하다. ·····( )( )
106. 상냥하다는 말을 들은 적이 있다. ·····( )( )
107. 자신은 유치한 사람이다. ·····( )( )
108. 잡담을 하는 것보다 책을 읽는 게 낫다. ·····( )( )
109. 나는 영업에 적합한 타입이라고 생각한다. ·····( )( )
110. 술자리에서 술을 마시지 않아도 흥을 돋울 수 있다. ·····( )( )
111. 한 번도 병원에 간 적이 없다. ·····( )( )
112. 나쁜 일은 걱정이 되어서 어쩔 줄을 모른다. ·····( )( )
113. 금세 무기력해지는 편이다. ·····( )( )
114. 비교적 고분고분한 편이라고 생각한다. ·····( )( )
115. 독자적으로 행동하는 편이다. ·····( )( )
116. 적극적으로 행동하는 편이다. ·····( )( )
117. 금방 감격하는 편이다. ·····( )( )
118. 어떤 것에 대해서는 불만을 가진 적이 없다. ·····( )( )
119. 밤에 못 잘 때가 많다. ·····( )( )
120. 자주 후회하는 편이다. ·····( )( )
121. 뜨거워지기 쉽고 식기 쉽다. ·····( )( )
122. 자신만의 세계를 가지고 있다. ·····( )( )
123. 많은 사람 앞에서도 긴장하는 일은 없다. ·····( )( )
124. 말하는 것을 아주 좋아한다. ·····( )( )
125. 인생을 포기하는 마음을 가진 적이 한 번도 없다. ·····( )( )
126. 어두운 성격이다. ·····( )( )

	YES	NO

127. 금방 반성한다. ( )( )
128. 활동범위가 넓은 편이다. ( )( )
129. 자신을 끈기 있는 사람이라고 생각한다. ( )( )
130. 좋다고 생각하더라도 좀 더 검토하고 나서 실행한다. ( )( )
131. 위대한 인물이 되고 싶다. ( )( )
132. 한 번에 많은 일을 떠맡아도 힘들지 않다. ( )( )
133. 사람과 만날 약속은 부담스럽다. ( )( )
134. 질문을 받으면 충분히 생각하고 나서 대답하는 편이다. ( )( )
135. 머리를 쓰는 것보다 땀을 흘리는 일이 좋다. ( )( )
136. 결정한 것에는 철저히 구속받는다. ( )( )
137. 외출 시 문을 잠갔는지 몇 번을 확인한다. ( )( )
138. 이왕 할 거라면 일등이 되고 싶다. ( )( )
139. 과감하게 도전하는 타입이다. ( )( )
140. 자신은 사교적이 아니라고 생각한다. ( )( )
141. 무심코 도리에 대해서 말하고 싶어진다. ( )( )
142. '항상 건강하네요'라는 말을 듣는다. ( )( )
143. 단념하면 끝이라고 생각한다. ( )( )
144. 예상하지 못한 일은 하고 싶지 않다. ( )( )
145. 파란만장하더라도 성공하는 인생을 걷고 싶다. ( )( )
146. 활기찬 편이라고 생각한다. ( )( )
147. 소극적인 편이라고 생각한다. ( )( )
148. 무심코 평론가가 되어 버린다. ( )( )
149. 자신은 성급하다고 생각한다. ( )( )
150. 꾸준히 노력하는 타입이라고 생각한다. ( )( )
151. 내일의 계획이라도 메모한다. ( )( )
152. 리더십이 있는 사람이 되고 싶다. ( )( )
153. 열정적인 사람이라고 생각한다. ( )( )
154. 다른 사람 앞에서 이야기를 잘 하지 못한다. ( )( )
155. 통찰력이 있는 편이다. ( )( )
156. 엉덩이가 가벼운 편이다. ( )( )
157. 여러 가지로 구애됨이 있다. ( )( )
158. 돌다리도 두들겨 보고 건너는 쪽이 좋다. ( )( )
159. 자신에게는 권력욕이 있다. ( )( )
160. 업무를 할당받으면 기쁘다. ( )( )

	YES	NO
161. 사색적인 사람이라고 생각한다.	( )	( )
162. 비교적 개혁적이다.	( )	( )
163. 좋고 싫음으로 정할 때가 많다.	( )	( )
164. 전통에 구애되는 것은 버리는 것이 적절하다.	( )	( )
165. 교제 범위가 좁은 편이다.	( )	( )
166. 발상의 전환을 할 수 있는 타입이라고 생각한다.	( )	( )
167. 너무 주관적이어서 실패한다.	( )	( )
168. 현실적이고 실용적인 면을 추구한다.	( )	( )
169. 내가 어떤 배우의 팬인지 아무도 모른다.	( )	( )
170. 현실보다 가능성이다.	( )	( )
171. 마음이 담겨 있으면 선물은 아무 것이나 좋다.	( )	( )
172. 여행은 마음대로 하는 것이 좋다.	( )	( )
173. 추상적인 일에 관심이 있는 편이다.	( )	( )
174. 일은 대담히 하는 편이다.	( )	( )
175. 괴로워하는 사람을 보면 우선 동정한다.	( )	( )
176. 가치기준은 자신의 안에 있다고 생각한다.	( )	( )
177. 조용하고 조심스러운 편이다.	( )	( )
178. 상상력이 풍부한 편이라고 생각한다.	( )	( )
179. 의리, 인정이 두터운 상사를 만나고 싶다.	( )	( )
180. 인생의 앞날을 알 수 없어 재미있다.	( )	( )
181. 밝은 성격이다.	( )	( )
182. 별로 반성하지 않는다.	( )	( )
183. 활동범위가 좁은 편이다.	( )	( )
184. 자신을 시원시원한 사람이라고 생각한다.	( )	( )
185. 좋다고 생각하면 바로 행동한다.	( )	( )
186. 좋은 사람이 되고 싶다.	( )	( )
187. 한 번에 많은 일을 떠맡는 것은 골칫거리라고 생각한다.	( )	( )
188. 사람과 만날 약속은 즐겁다.	( )	( )
189. 질문을 받으면 그때의 느낌으로 대답하는 편이다.	( )	( )
190. 땀을 흘리는 것보다 머리를 쓰는 일이 좋다.	( )	( )
191. 결정한 것이라도 그다지 구속받지 않는다.	( )	( )
192. 외출 시 문을 잠갔는지 별로 확인하지 않는다.	( )	( )
193. 지위에 어울리면 된다.	( )	( )
194. 안전책을 고르는 타입이다.	( )	( )

	YES	NO

195. 자신은 사교적이라고 생각한다. ···( )( )
196. 도리는 상관없다. ···( )( )
197. '침착하네요'라는 말을 듣는다. ···( )( )
198. 단념이 중요하다고 생각한다. ···( )( )
199. 예상하지 못한 일도 해보고 싶다. ···( )( )
200. 평범하고 평온하게 행복한 인생을 살고 싶다. ·······························( )( )
201. 몹시 귀찮아하는 편이라고 생각한다. ··( )( )
202. 특별히 소극적이라고 생각하지 않는다. ··( )( )
203. 이것저것 평하는 것이 싫다. ··( )( )
204. 자신은 성급하지 않다고 생각한다. ··( )( )
205. 꾸준히 노력하는 것을 잘 하지 못한다. ··( )( )
206. 내일의 계획은 머릿속에 기억한다. ··( )( )
207. 협동성이 있는 사람이 되고 싶다. ··( )( )
208. 열정적인 사람이라고 생각하지 않는다. ··( )( )
209. 다른 사람 앞에서 이야기를 잘한다. ··( )( )
210. 행동력이 있는 편이다. ···( )( )
211. 엉덩이가 무거운 편이다. ···( )( )
212. 특별히 구애받는 것이 없다. ··( )( )
213. 돌다리는 두들겨 보지 않고 건너도 된다. ······································( )( )
214. 자신에게는 권력욕이 없다. ··( )( )
215. 업무를 할당받으면 부담스럽다. ··( )( )
216. 활동적인 사람이라고 생각한다. ··( )( )
217. 비교적 보수적이다. ··( )( )
218. 손해인지 이익인지로 정할 때가 많다. ··( )( )
219. 전통을 견실히 지키는 것이 적절하다. ··( )( )
220. 교제 범위가 넓은 편이다. ··( )( )
221. 상식적인 판단을 할 수 있는 타입이라고 생각한다. ······················( )( )
222. 너무 객관적이어서 실패한다. ··( )( )
223. 보수적인 면을 추구한다. ···( )( )
224. 내가 누구의 팬인지 주변의 사람들이 안다. ··································( )( )
225. 가능성보다 현실이다. ··( )( )
226. 그 사람이 필요한 것을 선물하고 싶다. ··( )( )
227. 여행은 계획적으로 하는 것이 좋다. ··( )( )
228. 구체적인 일에 관심이 있는 편이다. ··( )( )

		YES	NO

229. 일은 착실히 하는 편이다. ( )( )
230. 괴로워하는 사람을 보면 우선 이유를 생각한다. ( )( )
231. 가치기준은 자신의 밖에 있다고 생각한다. ( )( )
232. 밝고 개방적인 편이다. ( )( )
233. 현실 인식을 잘하는 편이라고 생각한다. ( )( )
234. 공평하고 공적인 상사를 만나고 싶다. ( )( )
235. 시시해도 계획적인 인생이 좋다. ( )( )
236. 적극적으로 사람들과 관계를 맺는 편이다. ( )( )
237. 활동적인 편이다. ( )( )
238. 몸을 움직이는 것을 좋아하지 않는다. ( )( )
239. 쉽게 질리는 편이다. ( )( )
240. 경솔한 편이라고 생각한다. ( )( )
241. 인생의 목표는 손이 닿을 정도면 된다. ( )( )
242. 무슨 일도 좀처럼 시작하지 못한다. ( )( )
243. 초면인 사람과도 바로 친해질 수 있다. ( )( )
244. 행동하고 나서 생각하는 편이다. ( )( )
245. 쉬는 날은 밖에 있는 경우가 많다. ( )( )
246. 완성되기 전에 포기하는 경우가 많다. ( )( )
247. 계획 없는 여행을 좋아한다. ( )( )
248. 욕심이 없는 편이라고 생각한다. ( )( )
249. 활동력이 별로 없다. ( )( )
250. 많은 사람들과 왁자지껄하게 식사하는 것은 피곤하다. ( )( )
251. 자주 우울하거나 슬프며 기운이 빠진다. ( )( )
252. 미래에 대해 비관적이거나 자신감이 없다. ( )( )
253. 현실적으로 내 미래에는 희망이 별로 없다고 생각한다. ( )( )
254. 한 사람의 인간으로서 실망스러운 사람이라고 생각한다. ( )( )
255. 스스로에 대해 자부심이 들지 않는다. ( )( )
256. 대부분의 시간이 만족스럽지 못하거나 지루하다. ( )( )
257. 지금까지 인생을 살아온 방식이 마음에 들지 않다. ( )( )
258. 기분이 나쁘거나 자신이 쓸모없게 느껴지는 경우가 많다. ( )( )
259. 일이 현실적으로 잘못되면 스스로 자책하는 편이다. ( )( )
260. 자해나 자살을 생각해본 일이 있다. ( )( )
261. 차라리 죽었으면 좋겠다고 고민한 적이 있다. ( )( )
262. 많이 운다. ( )( )

	YES	NO

263. 예전에 비해 더 쉽사리 짜증이 나거나 초조해진다. ······················( )( )
264. 작은 일로 상한 감정이 다른 사람들에 대해 환멸로 발전하는 경우가 종종 있다. ···( )( )
265. 예전에 비해 혼자서 결정을 내리기가 더 힘들어졌다. ····················( )( )
266. 더 이상 외모에 관심을 쏟지 않는다. ······························( )( )
267. 좋지 않은 기분이 일에도 영향을 미친다. ···························( )( )
268. 평소보다 아침에 1시간 이상 더 빨리 눈이 떠지지만 다시 잠들기는 힘들다. ········( )( )
269. 아무 이유 없이 피곤하다. ·····································( )( )
270. 밥맛이 없다. ···( )( )
271. 종종 폭식을 하는 습관이 있다. ·································( )( )
272. 아침에 나쁘던 기분이 저녁이 되면 다소 좋아진다. ······················( )( )
273. 종전에는 쉽게 하던 집안일이나 직장일이 요즘은 힘들게 느껴진다. ············( )( )
274. 가까운 친척 중에 우울증 증세를 보였던 사람이 있다. ···················( )( )
275. 발생되지 않을 일을 미리 걱정한다. ·······························( )( )
276. 사람들의 대화에 집중을 잘 못하는 편이다. ··························( )( )
277. 공공장소보다 폐쇄된 공간을 좋아한다. ····························( )( )
278. 작은 소음에도 잘 놀라며, 심장이 잘 두근거린다. ······················( )( )
279. 공복감을 자주 느끼며 공허해지는 경우가 많다. ·······················( )( )
280. 실수에 대한 반복이 잦고, 일을 해결하는데 있어 시간이 오래 걸린다. ·········( )( )
281. 가끔 어딘가 갇힌 것처럼 마음이 답답하고 복잡한 감정을 느낀다. ············( )( )
282. 잠을 자도 무기력해하고, 아침에 주로 피곤하다. ·······················( )( )
283. 문장을 몇 번씩 읽어보는 버릇, 이해가 될 때까지 해결하려는 성향이 강하다. ·····( )( )
284. 혼자라는 생각이 들며 상황마다 불길한 느낌을 받는다. ··················( )( )
285. 갑자기 불같이 화를 내며, 감정의 폭이 들쑥날쑥 한다. ··················( )( )
286. 스스로에 대해 오래 살 수 있을 것인가, 건강한가에 대한 질문을 한다. ·········( )( )
287. 술을 마시면 전날 있었던 일을 기억하기 힘들다. ·······················( )( )
288. 쉴 틈 없이 바쁜 하루가 좋다. ··································( )( )
289. 운동을 일주일에 5회 이상 꾸준히 하고 있다. ·························( )( )
290. 불쌍한 사람을 보면 주머니에 갖고 있는 돈을 다 줄 수 있다. ··············( )( )
291. 어린이나 동물을 돌보는 것을 좋아한다. ····························( )( )
292. 악기를 연주하거나 음악 감상하는 것이 취미이다. ······················( )( )
293. 별다른 취미가 없다. ··( )( )
294. 스마트폰을 하루 2시간이상 이용한다. ·····························( )( )
295. 스마트폰에 설치된 어플이 30개 이상이다. ···························( )( )
296. 화장실에 갈 때도 스마트폰을 가져간다. ····························( )( )

	YES	NO

297. 밥을 먹다가도 스마트폰 알림소리가 나면 뛰어가서 확인한다. ………………( )( )
298. 맛있는 음식이 있으면 멀리라도 찾아가서 사먹는다. ……………………( )( )
299. 운동을 하는 것보다 가만히 책을 읽거나 쉬는 것을 좋아한다. …………( )( )
300. 언제 죽을지도 모른다는 불안감에 두렵다. …………………………………( )( )
301. 갑자기 재난이나 재해가 발생하는 것은 아닌지 걱정을 한다. ……………( )( )
302. 쇼핑을 일주일에 1회 이상 한다. …………………………………………( )( )
303. 갖고 싶은 물건이 있으면 아르바이트를 해서라도 반드시 산다. …………( )( )
304. 최근에 육체적으로나 정신적으로 힘들다고 느낀적이 많다. ………………( )( )
305. 수면 중 자주 깬다. …………………………………………………………( )( )
306. 충분히 수면을 취해도 피곤하다. …………………………………………( )( )
307. 혼자 있을 때 편안함보다는 불안감을 느낀다. ……………………………( )( )
308. 하는 일에 만족을 느끼지 못한다. …………………………………………( )( )
309. 술이나 담배, 커피가 늘어난다. ……………………………………………( )( )
310. 약속을 자주 어긴다. ………………………………………………………( )( )
311. 최근 들어 건망증이 심해진 것 같다. ………………………………………( )( )
312. 아침 기상 후 몸이 무겁다. …………………………………………………( )( )
313. 부정적인 생각과 부정적인 말을 자주 한다. ………………………………( )( )
314. 행동이 거칠어지고 난폭한 언어도 가리지 않고 한다. ……………………( )( )
315. 같은 식사량임에도 불구하고 최근 갑작스러운 체중 증가 또는 감소 증상을 보인다. ( )( )
316. 아무 일 없이 눈물이 자주난다. ……………………………………………( )( )
317. 어떤 일을 집중해서 오래하지 못 한다. ……………………………………( )( )
318. 앉아서도 손발을 가만두지 못하고 몸을 뒤튼다. …………………………( )( )
319. 외부자극에 의해 쉽게 주의가 산만해진다. ………………………………( )( )
320. 게임이나 그룹상황에서 차례를 기다리지 못한다. …………………………( )( )
321. 질문이 끝나기도 전에 대답이 불쑥 튀어나오는 경우가 잦다. ……………( )( )
322. 다른 사람의 지시에 따라 일을 끝마치기가 힘들다. ………………………( )( )
323. 해야 할 일이나 활동에 계속 집중하는데 어려움이 있다. …………………( )( )
324. 한 가지 활동을 끝마치기 전에 다른 활동으로 자주 옮긴다. ……………( )( )
325. 특별히 좋아하는 놀이나 활동이 없다. ……………………………………( )( )
326. 자해를 하거나 다른 사람을 괴롭히며 좋아한다. …………………………( )( )
327. 자주 다른 사람을 방해 또는 참견한다. ……………………………………( )( )
328. 다른 사람이 나에게 뭐라고 하는지 듣지 않는 것 같다. …………………( )( )
329. 필요한 물건들을 자주 잃어버린다. …………………………………………( )( )
330. 변비가 있고 이따금 어지러워한다. …………………………………………( )( )

	YES	NO

331. 필요한 경우에도 계속 앉아 있기 힘들다. ( )( )
332. 조용히 놀기 힘들다. ( )( )
333. 갑자기 말을 하지 않고 있을 때가 있다. ( )( )
334. 신경이 날카롭고 곤두서있거나 긴장되어있다. ( )( )
335. 어떤 생각을 떨쳐버리지 못하고 강박 증세를 보인다. ( )( )
336. 어른들과 항상 붙어 있으려 하고 의존적이다. ( )( )
337. 집으로 돌아오면 운동복 차림이다. ( )( )
338. 휴일은 무조건 편한 옷을 입고 있다. ( )( )
339. '귀찮아, 대충, 뭐, 어때'가 입버릇이다. ( )( )
340. 술 취한 다음날, 정체 모를 물건이 방에 있다. ( )( )
341. 제모는 여름에만 해도 된다. ( )( )
341. 잊은 물건이 있으면 신발을 신은 채 까치발로 방에 가지러 간다. ( )( )
342. 이메일 또는 문자메시지 답변은 짧고 늦게 보내는 편이다. ( )( )
343. 텔레비전을 향해 혼자 열을 낸 적이 있다. ( )( )
344. 집에 있는 냉장고에 변변한 먹을거리가 없다. ( )( )
345. 냄비에 직접 대고 라면을 먹는다. ( )( )
346. 방에 널어놓은 세탁물은 개기 전에 입어 버린다. ( )( )
347. 최근 두근두근 했던 일은 계단을 뛰어 올라갔던 것 정도이다. ( )( )
348. 1개월 이상 일이나 가족 이외의 사람과 10분 이상 말하지 않았다. ( )( )
349. 솔직히 이걸 전부 체크하는 게 귀찮다. ( )( )
350. 질문에 체크하면서도 그다지 신경 쓰지 않는 나 자신을 깨달았다. ( )( )
351. 격투기가 왜 재미있는지 모르겠다. ( )( )
352. 회식에서 건배할 때 술이 아닌 음료수도 괜찮다. ( )( )
353. 고백을 받으면 일단 누군가에게 상담한다. ( )( )
354. 소녀 취향의 만화가 싫지는 않다. ( )( )
355. 이성 친구들과 잘 어울리지만, 연애로 발전하는 경우가 거의 없다. ( )( )
356. 편의점 신제품에 항상 관심을 가진다. ( )( )
357. 일할 때 과자 등의 간식을 옆에 둔다. ( )( )
358. 외출보다 집에 있는 것을 더 좋아한다. ( )( )
359. 이성을 위해 돈을 쓰는 것보다 다양한 취미생활을 즐기며 산다. ( )( )
360. 기부를 할 때는 비공식적으로 무기명으로 하는 것을 선호한다. ( )( )
361. 손재주가 좋아서 손으로 무언가를 만드는 것을 즐긴다. ( )( )
362. 출퇴근 시간이 정확하고 일정한 직업을 선호한다. ( )( )
363. 결과에 상관없이 정해진 기간 안에 일을 마치면 성취감을 느낀다. ( )( )

	YES	NO

364. 나는 남을 설득하여 무언가를 하게 하는 것에 관심이 없다. ·············( )( )
365. 다른 사람에게 동기를 부여해주는 것은 좋은 일이라 생각하여 늘 시도하고 있다. ··( )( )
366. 휴일이 주어진다면 한적한 곳으로 놀러가서 혼자만의 시간을 만끽하고 싶다. ········( )( )
367. 가전제품을 새로 사면 설명서를 꼼꼼하게 읽는다. ···························( )( )
368. 장애인이나 자폐아를 돕는 봉사활동을 6개월 이상 한 경험이 있다. ·········( )( )
369. 모임에서 나는 나서기 보다는 다른 사람들의 말과 행동을 관찰하는 것을 좋아한다.( )( )
370. 솔직히 말하면 나에게 리더 자리는 버겁고 현실적이지 못하다. ···············( )( )
371. 일과가 끝난 후 나는 다수의 사람들과 모임을 갖는 것을 좋아한다. ··········( )( )
372. 퇴근 후 학원을 다니며 혼자 있는 시간을 보내고 싶다. ······················( )( )
373. 타임머신을 타고 2030년으로 갈 수 있다면 가장 먼저 하고 싶은 것은 돈을 벌 수 있는 투자처의 확인이다. ···( )( )
374. 연애소설 보다는 추리소설이 더 흥미있다. ···································( )( )
375. 책을 읽을 때 특히 한 장르에 집중하여 읽는 편이다. ·······················( )( )
376. 여러 종류의 지식을 두루두루 얕게 아는 것이 다른 것을 아무것도 모르는 것보다 낫다고 생각한다. ···( )( )
377. 내 방청소를 어머니가 대신 해줬을 때 나의 기분은 몹시 불쾌하다. ··········( )( )
378. 내 방의 물건을 가족이 마음대로 써도 괜찮다. ·····························( )( )
379. 현실적이고 구체적인 상상을 하는 것보다는 두서없는 공상을 하는 것을 좋아한다. ( )( )
380. 만일 1년 전의 시간으로 돌아간다면 세계 일주를 할 것이다. ···············( )( )
381. 만일 1년 전의 시간으로 돌아간다면 공부나 취업준비를 할 것이다. ········( )( )
382. 나는 제조와 사물의 조작에 무궁무진한 흥미를 갖고 있다. ················( )( )
383. 나는 밤 시간에 가장 마음이 편안하다. ·····································( )( )
384. 나는 아침시간이 가장 마음이 편하고 좋다. ·································( )( )
385. 밤늦은 시간에 활기가 생긴다. ···( )( )
386. 아침 시간에는 머리가 멍하고 기운이 없다. ·································( )( )
387. 잠자리에 들기 전에 오늘 하루도 괜찮았다고 생각하며 잠이 든다. ··········( )( )
388. 잠자리에 들기 전에 하루 중 아쉬웠던 부분 후회하는 부분이 떠오른다. ·····( )( )
389. 일을 할 때 다른 사람이 간섭하는 것이 몹시 언짢다. ······················( )( )
390. 주체적으로 혼자 일을 기획하는 것이 스트레스가 없어서 좋다. ·············( )( )
391. 모르는 사람과 만나서 웃고 떠드는 것이 솔직히 부담스럽다. ···············( )( )
392. 오늘의 운세나 역술인의 말에 신경을 쓰는 편이다. ·························( )( )
393. 신문을 펴면 가장 먼저 날씨를 확인한다. ····································( )( )
394. 한 겨울에는 밖에 있는 것보다 실내에 있는 것이 낫다. ·····················( )( )
395. 건강에 무리를 주면서 까지 무언가를 열심히 한 적이 있다. ················( )( )

	YES	NO
396. 한 직장을 평생 다니는 것은 현실적으로 불가능하다.	( )	( )
397. 가전제품이 고장 나면 무조건 서비스 센터에 가져간다.	( )	( )
398. 가전제품이 고장 나면 혹시 고쳐볼 수 있지 않을까 하는 생각에 뜯어본다.	( )	( )
399. 휴가는 반드시 며칠 동안 멀리 나가야한다.	( )	( )
400. 휴가 기간엔 집에서 조용히 쉬는 것이 편하다.	( )	( )
401. 음식점에서 다 같이 한 그릇에 먹는 찌개류는 꺼리게 된다.	( )	( )
402. 아무리 싫어하는 음식이어도 회식에서 먹어야한다면 먹는다.	( )	( )
403. 술을 잘 마시지는 못하지만 마시는 것을 좋아한다.	( )	( )
404. 가끔 기억이 나지 않을 정도로 술을 마신 적이 있다.	( )	( )
405. 술자리에서 실수를 하는 사람이 있으면 따끔하게 충고한다.	( )	( )
406. 술자리에서 누군가가 실수를 하면 모른 척 해준다.	( )	( )
407. 항상 약속시간에 임박하여 다급하게 간다.	( )	( )
408. 일을 미뤄뒀다가 한 번에 하는 게 더 효율적이다.	( )	( )
409. 일은 천천히 조금씩 하는 것이 마음이 편하다.	( )	( )
410. 운동을 일주일에 1시간이상 5일 이상 한다.	( )	( )
411. 야외활동을 하는 것이 적성에 맞는다 생각한다.	( )	( )
412. 예술 활동에 관심이 많다.	( )	( )
413. 운동경기는 관람하는 것보다 직접 하는 것이 더 좋다.	( )	( )
414. 운동경기는 관람하는 것이 더 재밌다.	( )	( )
415. 몸이 힘들면 의지가 약해진다.	( )	( )
416. 최근 들어 많이 불안하고 몸이 아프다.	( )	( )
417. 낯선 공간에 가면 겁부터 난다.	( )	( )
418. 몸이 아무리 피곤하고 아파도 노약자석에는 앉을 수 없다.	( )	( )
419. 선착순이나 한정판이라는 말에 약하다	( )	( )
420. 타지에 내려가서 혼자 생활해야하는 것에 대해 자신이 없다.	( )	( )
421. 어른들과 대화하는 것에 어려움이 있다.	( )	( )
422. 나는 무엇이든 그대로 유지되는 것이 좋다.	( )	( )
423. 물건은 정해진 자리에 그대로 있는 것이 좋다.	( )	( )
424. 나는 변화와 새로운 것이 좋다.	( )	( )
425. 새로운 만남을 시작하는 것은 매우 흥미로운 일이다.	( )	( )
426. 어떤 사람과도 이야깃거리가 넘친다.	( )	( )
427. 나는 모르는 사람들과 함께 있는 것이 불편하고 익숙하지 않다.	( )	( )
428. 어떤 사람들은 내가 내성적이라고 생각하기도 한다.	( )	( )
429. 해야 할 일 목록을 작성하는 것을 좋아한다.	( )	( )

	YES	NO
430. 해야 할 일을 작성한다고 해도 목록대로 엄격히 실천하지 않는다.	( )	( )
431. 해야 할 일 목록은 그냥 나에게 주의를 주는 역할을 할 뿐 그 이상은 아니다.	( )	( )
432. 해야 할 일을 적고 해내었을 때 만족감과 성취감을 느낀다.	( )	( )
433. 한 가지 일을 마치고 다음 일을 시작한다.	( )	( )
434. 다른 사람들은 나를 알기 쉬운 사람이라고 생각한다.	( )	( )
435. 대부분의 사람들은 내가 우호적이고 활기차다고 생각한다.	( )	( )
436. 다른 사람들은 나에 대해 쉽게 알지 못한다.	( )	( )
437. 나는 먼저 나서지 않고 다른 사람이 어떤 제안을 할 때까지 기다리는 편이다.	( )	( )
438. 나는 관심의 중심이 되는 것을 즐긴다.	( )	( )
439. 스포트라이트를 받는 것이 좋다.	( )	( )
440. 나는 관심의 중심이 되는 것을 피하는 편이다.	( )	( )
441. 나는 말할 때 생각하며 말한다.	( )	( )
442. 나는 생각 후 말한다.	( )	( )
443. 전화보다는 문자나 SNS를 사용하는 것이 더 편하다.	( )	( )
444. 나는 말을 매우 잘하는 편이다.	( )	( )
445. 나는 말로 모르는 사람에게 물건을 팔 수도 있다.	( )	( )
446. 가끔은 내가 쉬지 않고 말해서 타인이 내 말을 끊어야 멈추기도 한다.	( )	( )
447. 난 언제 어디서나 누구와도 열정적인 대화가 가능하다.	( )	( )
448. 나는 일대일 대화나 작은 범위 내에서 이야기 하는 것을 선호한다.	( )	( )
449. 나는 마당발이라 할 수 있을 만큼 아는 사람이 많다.	( )	( )
450. 나는 친구를 선택할 때 매우 조심하는 편이다.	( )	( )

면접

성공취업을 위한 티웨이항공 면접기출을 수록하여 취업의
마무리까지 깔끔하게 책임집니다.

면접

01. 면접의 기본
02. 면접기출

면접의 기본

1 면접

면접관은 면접을 통해서 서류만으로는 알 수 없었던 당신에 대해서 알고 싶어 한다. 성품과 지적 수준, 잠재능력 등은 서류만으로는 확인 할 수 없다. 이에 기업은 면접을 통하여 지원자가 회사에 이익을 가져다 줄 수 있는 우수한 인재인지 검증 하려는 것이다.

최근에는 서류전형은 일정한 자격만 갖추면 통과할 수 있도록 가능성을 넓히고, 다양한 면접을 통해서 지원자들의 역량을 평가하는 기업이 늘고 있다. 단순히 SPEC으로 지원자를 판단하는 것이 아니라 여러 가지 상황과 질문에 대처해 나가는 자세를 보고 사람을 평가하겠다는 취지인 것이다.

이에 따라 지원자들은 면접관이 중요하게 생각하는 사항과 최근 면접의 유형, 그리고 각 기업의 정보를 통해서 면접에 철저하게 대비할 필요가 있다.

2 면접관의 주요 평가 사항

(1) 첫인상

면접시간이 짧은 만큼 첫인상이 당락에 차지하는 비중은 상당하다. 자세, 표정, 목소리, 사회인으로서의 기본 매너, 복장 등에 의해 첫인상이 결정되므로 이에 대한 준비는 철저하게 하는 것이 좋다.

① 답변에만 신경을 쓰거나 긴장하다 보면 다리를 떠는 등 평소의 좋지 않은 습관을 드러낼 수 있으므로 주의하여야 한다.

② 면접은 처음 몇 초, 지원자가 인사하는 모습에 의해 판가름 나기도 한다. 긴장한 나머지 구부정한 자세와 작은 목소리로 인사하게 되면 좋은 인상을 주기 어렵다. 큰 목소리로 밝게 인사하여 면접관이 자신에게 호감을 느끼도록 만들어야 한다.

③ 지나친 당당함, 거친 걸음걸이 등 무례한 태도로는 면접관에게 호감을 줄 수 없다.

④ 등을 굽히거나 몸을 움츠리고 있으면 소극적이고 소심한 사람으로 보일 수 있다. 머리를 심하게 만지거나 옷매무새를 빈번하게 고치게 되면 면접관이 지원자의 답변에 집중하지 못한다.
⑤ 논쟁의 여지가 있는 주제에 대해서는 면접관과 심각하게 논쟁할 필요가 없다. 자신의 주장을 겸손하게 드러내는 것으로 족하다.
⑥ 미리 준비한 모범답변으로 의기양양하게 대답한다거나 쉽고 간결하게 답할 수 있음에도 불구하고 장황하게 설명하는 모습은 면접관을 불쾌하게 할 수 있다.
⑦ 시선을 피해 입실하여 면접관을 힐끗힐끗 쳐다보거나, 두리번거리는 모습으로는 호감을 줄 수 없다. 지원자가 눈길을 피하는 순간에도 면접관은 지원자에게 오감을 집중하고 있다.

(2) 1분 자기소개

1분 자기소개의 가장 효과적인 방법은 절도 있는 자기소개나 명랑한 아이디어가 아니다. 바로 자신이 업계와 기업에 대하여 관심이 많고, 기업에 유익한 인재임을 설득력 있게 소개하는 것이다.

① **상품가치** … 업계의 트렌드, 회사의 당면과제를 짚어주고 자신의 강점이 회사에 얼마나 도움이 되는지 소개 하여야 한다.
② **에피소드** … 에피소드를 활용하여 자신의 강점을 보다 객관적, 구체적으로 전달하여야 한다. 그 경험을 통해 얻은 교훈과 성과를 덧붙여 자신의 강점이 직무에 큰 도움이 됨을 보여주는 것이다.

(3) 업무에 대한 열정 및 기본능력

기업은 업무수행과정에서 발생하는 여러 난관을 극복하고 직무를 지속해서 담당할 수 있는 능력과 열정을 갖춘 인재를 원한다. 따라서 무기력한 이미지를 보여주거나, 지원 분야에 대해 관심이 적고 업무와 관련된 기본지식이 부족해 보이는 지원자는 채용하지 않는다.

① **열정** … 업무를 제대로 수행하기 위해서는 전문성도 중요하지만 지원 분야에 대한 의욕과 도전정신이 반드시 필요하기 때문에 열정 역시 중요한 평가 대상이 된다.
  ㉠ **자세** : 면접에 임하는 태도만으로도 열의를 보여줄 수 있다. 등은 곧게 펴고 시선은 면접관을 정면으로 바라보며 대답은 크고 자신감 있게 하여야 한다.
  ㉡ **자기소개** : 해당 분야와 직무에 관한 트렌드 및 당면과제를 언급하고, 이에 대한 의견과 대안 등을 제시함으로써 그 분야에 열정을 가진 인재임을 보여주어야 한다.
  ㉢ **질문** : 면접관이 질문할 기회를 준다면 복리후생에만 집착하는 모습을 보이지 않도록 하고, 직무에 관련된 질문을 함으로써 지원 분야에 대한 열정을 드러내어야 한다.
  ㉣ **마지막으로 하고 싶은 말** : 마지막으로 할 말이 있느냐는 질문에는 오히려 지망 분야의 전문가로 성장하기 위한 노하우 등을 되묻는 것도 좋다.

② **업무수행능력** … 직무에 필수적인 전문성 외에도 담당 업무를 원활히 수행하는 데 필요한 기본 능력을 평가한다.
　㉠ **사고력** : 이해력, 분석력, 창의력 등의 기초적인 사고 능력
　㉡ **팀워크** : 호감을 유발하는 언어구사력, 원활한 의사소통 능력과 같이 팀 단위의 업무 수행에 영향을 주는 요소
　㉢ **업무에 대한 이해도** : 업무수행에 필요한 기초 지식, 업무 프로세스 이해 등 담당 업무 전반에 대한 이해력

(4) 인성

면접관은 지원자의 답변을 통해 타인과 잘 어울리고 업무를 제대로 수행할 만한 인격을 갖추었는지를 평가한다.

① **Key point** … 기업 특유의 인재상과 같이 기업은 지원자의 인성에 대한 나름의 평가 기준을 가지고 있다. 지원자가 이런 기업의 요구에 자신의 강점을 연결시켜 소개하는 것도 좋지만 자신의 개성을 알고 이를 직무와 연관된 강점으로 부각시키는 것이 더욱 중요하다.

② **평가요소**
　㉠ **사교성 및 협조성** : 말투, 표정에서 친밀감을 표현하는지, 타지원자의 의견을 경청하고 있으며, 정확한 의사소통능력을 보여주는지를 본다.
　㉡ **이해력 및 표현력** : 타인의 말을 바르게 이해하고 이에 대한 자신의 생각을 명확하게 전하는지, 알기 쉬운 말투로 적절한 표현을 하고 있는지를 살펴본다.
　㉢ **성실성** : 침착한 자세로 끈기 있게 답변하고 있는지 무책임한 답변을 하고 있지는 않는지 살펴본다.
　㉣ **외관이나 언행 등** : 답변 시 표정이나 태도와 압박 질문에 어떤 대응을 살펴본다. 또 외관이 청결하고 자세는 바른지 살펴본다.

(5) 적성 적합 여부

위의 조건을 모두 갖추고, 스펙도 좋으며 업무에 대한 열정도 있지만 지원자의 적성이 업무에 적합하지 않은 것으로 평가되어 불합격하는 경우도 있다. 그 만큼 지원자의 적성이 중요한 평가 대상인 것이다.

① **사전조사** … 미리 지원 분야와 담당할 직무를 조사하여 해당 분야에 관심과 지식이 많다는 것을 보여주어야 한다.

② **연결고리** … 사전 조사한 내용을 자신의 인성적인 측면에서의 강점과 연결하여 담당 직무에 어떻게 기여할 것인지를 보여준다면, 면접관은 지원자가 직무를 담당하기에 적합한 적성을 가진 사람이라고 생각하게 된다.

3 면접 과정

(1) 입실

① **노크** … 2, 3회 정도 하는 것이 기본이다. 노크하는 간격에 여유를 두고, 면접 장소로 들어가기 전부터 미소를 머금도록 하여야 한다. 집단 면접에서는 첫 번째 사람만 노크한다. 입실 후에는 시끄럽지 않을 정도의 큰 소리로 인사를 하고 웃는 얼굴로 자리로 이동한다.

② **착석** … 서 있을 때는 등을 곧게 펴고, 머리를 숙이지 않도록 한다. 웃는 얼굴로 서 있다가 면접관이 자리에 앉으라고 할 때는 눈길을 마주하고 자신의 성명을 밝히며 간단히 인사한 후 자리에 앉는다. 자리에 앉을 때에는 신발 뒤꿈치를 가지런하게 하고, 다리가 벌어지지 않도록 주의하여 자세가 흐트러지지 않도록 한다. 착석 후에는 어깨의 힘을 빼고 등은 곧게 편다. 무릎 위에 손을 가지런히 두고 의자의 등받이와 등 사이에 주먹을 넣을 정도의 간격을 두어 깊게 앉도록 한다.

(2) 대화

① **시선** … 면접관의 질문에 답변할 때는 상대방의 아이 존(눈매로부터 넥타이 부근까지)에 눈길을 두자. 턱을 들어 올리며 눈을 살며시 아래로 뜨는 거만한 자세는 아닌지, 턱을 너무 집어넣어 눈을 치켜뜨며 노려보고 있지는 않은지 점검한다. 또, 타 지원자가 답변할 때는 천장이나 아래를 보며 어색해하거나 다른 생각에 빠져 있지 않도록 주의한다.

② **표정** … 인상이 좋아 보이는 눈매가 되기 위해서는 눈을 적절히 크게 뜨는 것이 좋으며, 항상 상대방과 시선을 마주치면서 미소를 짓는다. 면접관의 이야기에 귀 기울이다가 인상적인 말에는 적절한 반응을 취하도록 한다.

③ **목소리** … 목소리에 기운이 있고 밝아 보인다는 인상을 면접관에게 주도록 한다. 이름이 호명될 때 긴장하지 않은 목소리로 크게 대답한다. 말하는 속도는 적절히 조절하여 안정적인 분위기를 유도하는 것이 유리하다.

④ **태도** … 면접 도중 자주 머리를 만지든지 옷을 신경 쓰는 모습을 보여주지 않도록 한다. 정서불안이나 긴장하고 있음을 나타내는 증거이기 때문이다.

(3) 퇴실

① **인사** … 면접이 끝나면 일어나서 정중하게 인사하고 퇴장한다. 이때 지나치게 허리를 굽혀 인사하면 오히려 좋은 인상을 주지 못한다. 밝은 인상으로 천천히 30도 정도 굽혀 인사하는 모습이 훨씬 공손해 보인다. 인사한 후에는 의자를 정리하는 것을 잊지 않도록 한다.

② **표정** … 간혹 실수했다는 생각에 빠져 어두운 표정을 짓는 지원자도 있다. 그러나 당신이 크게 실수했다고 자책하는 부분을 면접관이 아무렇지 않게 여기는 경우도 있다. 면접의 결과를 예상하여 들뜨거나 낙심하지 말고 끝까지 최선을 다하는 것이 중요하다.

4 면접의 유형

(1) 개인면접

① 특징
- ㉠ 형식 : 면접관 1~3명이 지원자 1명을 평가하는 형식으로 지원자에 대한 심도 있는 평가가 가능하다. 면접관과 독대하는 경우가 많으므로 상당히 긴장할 수 있다. 하지만 집단면접보다는 차분하게 이야기를 나눌 수 있으므로 면접관에게 질문이 있으면 해도 좋다.
- ㉡ 평가항목 : 답변의 내용뿐 아니라 자세와 태도 및 기본 매너 등을 관찰한다.

② 대책
- ㉠ 진실성 : 특히 개인면접은 장시간에 걸쳐 연속해서 질문을 받게 되므로 솔직하게 답변하는 것이 좋다.
- ㉡ 기회 : 비교적 많은 시간이 주어지므로 자기소개, 지원동기 등을 통해서 자신의 생각을 분명히 나타낼 수 있다.
- ㉢ 대화 : 답변을 외워서 대답하는 것보다 실수하지 않을 정도로 암기하고 자연스럽게 대화하는 기분으로 면접에 임하는 것이 좋다.

(2) 집단면접

① 특징
- ㉠ 형식 : 집단면접은 다수의 지원자를 여러 명 혹은 한 명의 면접관이 대면한다. 주로 면접관이 질문하고 지원자가 순서대로 답변하는 형식이다.
- ㉡ 평가항목 : 논리력, 표현력, 설득력, 사회성 등을 주로 평가한다.

② 대책
- ㉠ 명확성 : 각자에게 배당된 시간이 적은만큼 간결하고 확실하게 답하는 것이 중요하다.
- ㉡ 경청 : 다른 지원자의 발표를 경청하도록 한다. 일부 지원자들은 긴장한 나머지 자신의 답변만 신경쓰는데, 이때 면접관이 타 지원자의 답변에 대한 의견을 물어오면 당황할 수 있다.

(3) 그룹토의

① 특징
- ㉠ 형식 : 다수의 지원자가 한 주제에 대해 토의하게 된다. 평가항목 의사소통능력, 리더십, 팀워크, 전문지식 등을 평가한다.
- ㉡ 진행방식 : 주제에 대해 자유롭게 대화하는 자유토론 형식과 대립하는 2개 조로 나뉘어서 토론하는 디베이트(debate) 형식이 있다.

② 대책
- ㉠ **적극성** : 면접에 적극적으로 임하려는 자세와 타인의 의견을 경청하는 태도가 중요하다.
- ㉡ **배려** : 타 지원자의 발언을 모두 들은 후에 자신의 의견을 제시해야 하며, 소극적이고 발언이 적은 지원자를 배려해주면 좋은 평가를 받을 수 있다.

(4) 그룹과제

① 특징
- ㉠ **형식** : 다수의 지원자로 구성된 그룹에 과제가 주어지고 구성원들이 협력하여 과제를 해결해 나가게 된다.
- ㉡ **평가항목** : 집단 속에서의 협력성, 적극성과 독창성 등을 주로 평가받는다.

② 대책
- ㉠ **협동** : 개인의 능력을 과시하고 성과에 집착하기보다 집단 속에서 잘 어우러져 협력하는 모습을 보여주는 것이 중요하다.
- ㉡ **업무파악능력** : 전반적인 작업 과정을 빠르게 파악하여 자신의 역할을 바르게 이해하고, 정확한 발언과 행동을 하는 것이 중요하다.
- ㉢ **리더십** : 자신만의 리더십을 겸손하게 보여주면 더욱 좋은 평가를 받을 수 있다.

(5) PT면접

① 특징
- ㉠ **형식** : 사전에 준비된 과제를 부여받아 정해진 시간 내에 발표하는 것으로서 주로 기획 능력이 필요한 분야에서 시행하는 형식이다. 최근에는 거의 모든 업계에서 PT면접을 진행하고 있다.
- ㉡ **평가요소** : 기획력, 전문지식에 대한 이해력을 주로 평가받는다.

② 대책
- ㉠ **규정** : 준수 시간, 자료, 분량의 제한 등을 통해 규칙을 준수하는 의식을 평가하므로 규정 준수가 중요하다.
- ㉡ **문제해결능력** : PT주제는 거의 전공과 관련된 문제가 많다. 사실 지원자들에게 확실한 답변을 얻기 위한 것이라기보다는 문제를 해결해 나가는 능력과 순발력을 평가하기 위한 면접이다. 모르는 문제라고 해서 당황하거나 자신감 없는 모습을 보이는 것보다는 자신만의 논리를 가지고 자신감 있게 문제를 해결해 나가는 모습을 보여주는 것이 좋다.

(6) 합숙면접

① 특징
　㉠ **형식** : 면접관과 지원자가 하루 혹은 이틀 동안 합숙하는 형식이다.
　㉡ **평가요소** : 적응력, 문제해결능력, 팀워크, 리더십을 주로 평가하며 면접관은 지원자의 숨겨진 재능까지도 유심히 살핀다.

② 대책
　㉠ **자연스러움** : 새로운 친구를 사귀는 기분으로 다른 지원자들과 자연스럽게 어울리며 자신의 능력을 한껏 드러내도록 한다.
　㉡ **팀워크, 리더십** : 팀을 이루어 수행하는 과제가 대부분이므로 팀에 잘 융화되고 타 지원자들을 적극적으로 리드하는 모습을 보여주면 좋은 평가를 받을 수 있다.

5 면접에 대한 궁금증

1차 면접, 2차 면접의 질문이 같다면 대답도 똑같아야 하나요?

> 면접관의 질문이 같다면 일부러 대답을 바꿀 필요는 없다. 1차와 2차의 면접관이 다르다면 더욱 그러하며 면접관이 같더라도 완전히 다른 대답보다는 대답의 방향을 조금 바꾸거나, 예전의 질문에서 더욱 구체적으로 파고드는 대답이 좋다.

제조회사의 면접시험에서 지금 사용하고 있는 물건이 어느 회사의 제품인지를 물었을 때, 경쟁회사의 제품을 말해도 괜찮을까요?

> 타사 특히 경쟁사의 제품을 거론하는 것을 좋아할 만한 면접관은 한 명도 없다. 그러나 그 제품의 장·단점까지 분석할 수 있고 논리적인 설명이 가능하다면 경쟁회사의 제품을 거론해도 무방하다. 만약 면접을 보는 회사의 제품을 거론할 때 장·단점을 설명하지 못하면, 감점요인은 아니지만 좋은 점수를 받기는 힘들다.

면접관이 '대답을 미리 준비했군요'라는 말을 하면 어떻게 해야 할까요?

> 외워서 답변하는 경우에는 면접관의 눈을 똑바로 보고 말하기가 힘들며 잊어버리기 전에 말하고자 하여 말의 속도가 빨라진다. 면접에서는 정답이 표면적으로 드러나 있는 질문 보다는 지원자의 생각을 묻는 질문이 많으므로 면접관의 질문을 새겨듣고 요구하는 바를 파악한 후 천천히 대답한다.

부모님의 직업이 나와 무슨 관계가 있습니까?

> 이는 면접관이 지원자의 부모님 직업이 궁금해서 묻는 것이 아니다. 이 대답을 통해서 지원자가 자식으로서 부모님을 얼마나 이해하고 있는가와 함께 사회인으로서 다른 직장인을 얼마나 이해하고 포용할 수 있는가를 확인하는 것이다. 부모님의 직업만을 이야기하지 말고 그에 따른 자신의 생각을 밝히는 것이 좋다.

집단면접에서 면접관이 저에게 아무런 질문도 하지 않았습니다. 그 이유는 무엇인가요?

> 이력서와 자기소개서는 면접의 기본이 되며 이력서의 내용이 평범하거나 너무 포괄적이라면 면접관은 지원자에게 궁금증이 생기지 않을 수도 있다. 그러므로 이력서는 구체적이면서 개성적으로 자신을 잘 드러낼 수 있는 내용을 강조해서 작성하는 것이 중요하다.

면접관에게 좋은 인상을 남기기 위해서는 어떻게 하는 것이 좋을까요?

> 지나치게 가벼워 보이거나 잘난 척하는 자세는 바람직하지 않다. 면접관은 성실하고 진지한 지원자를 대할 경우 고개를 끄덕이거나 신중한 표정을 짓는다.

질문에 대한 답변을 다 하지 못하였는데 면접관이 다음 질문으로 넘어가 버리면 어떻게 할까요?

> 면접에서는 간단명료하게 자신의 의견을 일관성 있게 밝히는 것이 중요하다. 두괄식으로 주제를 먼저 제시하는데 서론이 길면 지루해져 다음 질문으로 넘어갈 수 있다.

면접에서 실패한 경우에, 역전시킬 수 있는 방법이 있나요?

> 지원자 스스로도 면접에서 실패했다고 느끼는 경우가 종종 있다. 이런 경우에는 당황하여 인사를 잊기도 하나 그 때 당황하지 말고 정중하게 인사를 하면 또 다른 인상을 심어줄 수 있다. 면접관은 당신이 면접실에 들어서는 순간부터 나가는 순간까지 당신을 지켜보고 있다는 사실을 기억해야 한다.

6 면접의 대비

(1) 면접대비사항

① **지원회사에 대한 사전지식 습득** … 필기시험에 합격하거나 서류전형을 통과하면 보통 합격 통지 이후 면접시험 날짜가 정해진다. 이때 지원자는 면접시험을 대비해 본인이 지원한 계열사 또는 부서에 대해 다음과 같은 사항 정도는 알고 있는 것이 좋다.
  ㉠ 회사의 연혁
  ㉡ 회장 또는 사장의 이름, 출신학교, 전공과목 등
  ㉢ 회사에서 요구하는 신입사원의 인재상
  ㉣ 회사의 사훈, 비전, 경영이념, 창업정신
  ㉤ 회사의 대표적 상품과 그 특색
  ㉥ 업종별 계열 회사의 수
  ㉦ 해외 지사의 수와 그 위치
  ㉧ 신제품에 대한 기획 여부
  ㉨ 지원자가 평가할 수 있는 회사의 장·단점
  ㉩ 회사의 잠재적 능력 개발에 대한 각종 평가

② **충분한 수면을 취해 몸의 상태를 최상으로 유지** … 면접 전날에는 긴장하거나 준비가 미흡한 것 같아 잠을 설치게 된다. 이렇게 잠을 잘 자지 못하면 다음날 일어 났을 때 피곤함을 느끼게 되고 몸 상태도 악화된다. 게다가 잠을 못 잘 경우 얼굴이 부스스하거나 목소리에 영향을 미칠 수 있으며 자신도 모르게 멍한 표정을 지을 수도 있다.

③ **아침에 정보를 확인** … 아침에 일어나서 뉴스 등을 유의해서 보고 자신의 생각을 정리해 두는 것이 좋다. 또한 면접일과 인접해 있는 국경일이나 행사 등이 있다면 그에 따른 생각을 정리해 두면 좋다.

(2) 면접 시 유의사항

① **첫인상이 중요** … 면접에서는 처음 1~2분 동안에 당락의 70% 정도가 결정될 정도로 첫인상이 중요하다고 한다. 그러므로 지원자는 자신감과 의지, 재능 등을 보여주어야 한다. 그리고 면접자와 눈을 맞추고 그가 설명을 하거나 말을 하면 적절한 반응을 보여준다.

② **지각은 금물** … 우선 면접장소가 결정되면 교통편과 소요시간을 확인하고 가능하다면 미리 방문해보는 것도 좋다. 당일에는 서둘러서 출발하여 면접 시간 10~15분 일찍 도착하여 회사를 둘러보고 환경에 익숙해지는 것이 좋다.

③ **면접대기시간의 행동도 평가** … 지원자들은 대부분 면접실에서만 평가받는다고 생각하나 절대 그렇지 않다. 면접진행자는 대부분 인사실무자이며 당락에 영향을 준다. 짧은 시간 동안 사람을 판단하는 것은 힘든 일이라 면접자는 지원자에 대한 평가에 대한 확신을 위해 타인의 의견을 듣고자 한다. 이때 면접진행자의 의견을 참고하므로 면접대기시간에도 행동과 말을 조심해야 한다. 또한 면접을 마치고 돌아가는 그 순간까지도 행동과 말에 유의하여야 한다. 황당한 질문에 답변은 잘 했으나 복도에 나와서 흐트러진 모습을 보이거나 욕설을 하는 것도 다 평가되므로 주의한다.

④ **입실 후 공손한 태도**
   ㉠ 본인 차례가 되어 호명되면 대답을 또렷하게 하고 들어간다. 만약 문이 닫혀 있다면 상대에게 소리가 들릴 수 있을 정도로 노크를 두 번 한 후 대답을 듣고 나서 들어간다.
   ㉡ 문을 여닫을 때에는 소리가 나지 않게 조용히 하며 공손한 자세로 인사한 후 성명과 수험 번호를 말하고 면접관의 지시에 따라 자리에 앉는다. 이 경우 자리에 착석하라는 말이 없는데 의자에 앉으면 무례한 사람처럼 보일 수 있으므로 주의한다.
   ㉢ 의자에 앉을 때는 끝에 걸터앉지 말고 안쪽으로 깊숙이 앉아 무릎 위에 양손을 가지런히 얹는 것이 좋다.

⑤ 대답하기 난해한 개방형 질문도 반드시 답변을 함
　㉠ 면접관의 질문에는 예, 아니요로 답할 수 있는 단답형도 있으나, 정답이 없는 개방형 질문이 있을 수 있다. 단답형 질문의 경우에는 간단명료하면서도 그렇게 생각하는 이유를 밝혀 주는 것이 좋다. 그러나 개방형 질문은 평소에 충분히 생각하지 못했던 내용이라면 답변을 하기 힘들 수도 있다. 하지만 반드시 답변을 해야 된다. 자신의 생각이나 입장을 밝히지 않을 경우 소신이 없거나 혹은 분명한 입장이나 가치를 가지고 있지 않은 사람으로 비쳐질 수 있다. 답변이 바로 떠오르지 않는다면, "잠시 생각을 정리할 시간을 주시겠습니까?"하고 요청을 해도 괜찮다.
　㉡ 평소에 잘 알고 있는 문제라면 답변을 잘 할 수 있을 것이다. 그러나 이런 경우 주의할 것은 면접자와 가치 논쟁을 할 필요가 없다는 것이다. 정답이 정해져 있지 않은 경우에는 가치관이나 성장배경에 따라 문제를 받아들이는 태도에서 답변까지 충분히 차이가 있을 수 있다. 그런데 그것을 굳이 지적하여 고치려 드는 것은 좋지 않다.

⑥ **자신감과 의지** … 면접을 하다 보면 미래를 예측해야 하는 질문이 있다. 이때에는 너무 많은 상황을 고려하지 말고, 자신감 있는 내용으로 긍정문으로 답변하는 것이 좋다.

⑦ **자신의 장·단점 파악** … 면접을 하다 보면 나에 대해서 부정적인 말을 해야 될 경우가 있다. 이때에는 자신의 약점을 솔직하게 말하되 너무 자신을 비하하지 말아야 한다. 그리고 가능한 단점은 짧게 말하고 뒤이어 장점을 말하는 것이 좋다.

⑧ **정직한 대답** … 면접이라는 것이 아무리 본인의 장점을 부각시키고 단점을 축소시키는 것이라고 해도 절대로 거짓말을 해서는 안 된다. 거짓말을 하게 되면 지원자는 불안하거나 꺼림칙한 마음이 남아 있어 면접에 집중하지 못하게 되고 면접관을 그것을 놓치지 않는다. 거짓말은 그 사람에 대한 신뢰성을 떨어뜨리며 이로 인해 다른 조건이 좋다하더라도 탈락할 수 있다.

⑨ **지원동기에 가치관이 반영** … 면접에서 거의 항상 물어보는 질문은 지원동기에 관한 것이다. 어떤 응시자들은 이 질문을 대수롭지 않게 여기거나 중요한 것은 알지만 적당한 내용을 찾지 못해 추상적으로 답변하는 경우가 많다. 이런 경우 면접관들은 응시자의 생각을 알 수 없거나 성의가 없다고 생각하기 쉬우므로 그 내용 안에 자신의 가치관이 내포되도록 답변한다. 이러한 답변은 면접관에게 응시자가 직업을 통해 자신의 가치관을 실현하기 위한 과정이라는 인상을 주게 되므로 적극적인 삶의 자세를 볼 수 있게 한다.

⑩ **경력직일 경우 전의 직장에 대한 험담은 금물** … 응시자에게 이전 직장에서 무슨 일이 있었는지, 그곳 상사들이 어땠는지는 등은 그다지 면접관이 궁금해 하는 사항이 아니다. 전 직장에 대해 험담을 늘어놓는다든가, 동료와 상사들에 대한 악담을 하게 된다면 오히려 부정적인 이미지를 심어 줄 수 있다. 만약 전 직장에 대한 말을 할 필요성이 있다면 가능한 객관적으로 이야기하는 것이 좋다.

⑪ 대답 시 유의사항
　㉠ 질문이 주어지자마자 답변하는 것은 미리 예상한 답을 잊어버리기 전에 말하고자 하는 것으로 오인될 수 있으며, 침착하지 못하고 즉흥적으로 비춰지기 쉽다.
　㉡ 질문에 대한 답변을 할 때에는 면접관과의 거리를 생각해서 너무 작게 하는 것은 좋지 않으나 큰 소리로 이야기하면 면접관이 부담을 느끼게 된다. 자신있는 답변이라고 해서 너무 빠르게 많이 말하지 않아야 하며, 자신의 답변이 적당하지 못했다고 느꼈을 경우 머리를 만지거나 혀를 내미는 등의 행동은 좋지 못하다. 그리고 정해진 답변 외에 적절하지 않은 농담은 경망스러워 보이거나 취업에 열의가 없어 보이기도 한다.
　㉢ 가장 중요한 것은 올바른 언어의 구사이다. 존대어와 겸양어를 혼동하기도 하고 채팅어를 자기도 모르게 사용하기도 하는데 이는 면접 실패의 원인이 될 수 있다.

⑫ **옷매무새** … 여성들의 경우 이러한 모습이 특히 두드러지는데 외모에 너무 신경을 쓰거나 너무 긴장하여 머리를 계속 쓸어 올리거나 치마 끝을 만지작거리는 경우가 있다. 특히 너무 짧은 치마를 입고서 치마를 끌어 내리는 행동은 좋지 못하다.

⑬ **다리를 떨거나 산만한 시선은 금물**
　㉠ 자신도 모르게 다리를 떨거나 손가락을 만지는 등의 행동을 하는 사람들이 많다. 이는 면접관의 주의를 끌 뿐만 아니라 불안하고 산만한 사람이라는 느낌을 주게 된다.
　㉡ 면접관과 시선을 맞추지 못하고 여기저기 둘러보는 듯한 산만한 시선은 거짓말을 하고 있다고 여기거나 신뢰성이 떨어진다고 생각하기 쉽다.

⑭ **질문의 기회를 활용** … 면접관이 "면접을 마치겠네." 혹은 "면접과는 상관없는 것인데…"하면서 질문을 유도하기도 한다. 이 경우 면접관이 하는 말은 지원자를 안심시켜 마음을 알고자 하는 것으로 거기에 넘어가서는 안 된다. "물어볼 것이 있나?"라는 말은 '우리 회사에서 가장 관심이 있는 것이 무엇인가'라는 말과 같은 의미이므로 유급휴가나 복리후생에 관한 질문 등을 하게 되면 일보다는 휴가에 관심이 많은 사람이라는 인식을 주게 된다. 이런 내용들은 다른 정보망을 활용하여 미리 파악해 두는 것이 좋으며 업무에 관련된 질문으로 하고자 하는 일의 예를 들면서 합격 시에 하는 일을 구체적으로 설명해 달라고 하거나 업무를 더욱 잘 수행하기 위해서 필요한 능력 등을 물어보는 것이 좋다.

7 자기소개 시 유의사항

면접에서 빠지지 않는 것이 자기소개를 간단히 해보라는 것이다. 자기소개라는 것은 매우 추상적이며 넓은 의미를 포괄한다. 자신의 이름에 얽힌 사연이나 어릴 적의 추억, 고향, 혈액형 등 지원자에 관한 일이라면 모두 자기소개가 될 수 있다. 그러나 이는 면접관이 원하는 대답이 아니다. 면접관은 지원자의 신상명세를 알고 싶은 것이 아니라 지원자가 지금껏 해온 일을 통해 그 사람 됨됨이를 알고자 하는 것이기 때문이다.

(1) 자신의 집안에 대해 자랑하는 사람

자신의 부모나 형제 등 집안사람들이 사회·경제적으로 어떠한 위치에 있는 지를 서술하는 유형으로 자신도 대단한 사람이라는 것을 강조하고 싶은 것일지 모르나 면접관에게는 의존적이며 나약한 사람으로 비춰지기 쉽다.

(2) 대답을 하지 못하는 사람

면접관의 질문에는 난도가 있어서 대답하기 힘든 문제도 분명 있을 것이다. 그러나 이는 어려운 것이지 난처한 문제는 아니다. 그러나 면접관이 '당신에게 지금까지 무슨 일을 해왔습니까?'라고 묻는다면 바로 대답을 하지 못하고 머뭇거리게 될 것이다. 평소에 끊임없이 이런 질문을 스스로 던져 자신이 원하는 것을 파악하고 직업도 관련된 쪽으로 구하고자 하면 막힘없이 대답할 수 있을 것이다.

(3) 자신이 한 일에 대해서 너무 자세하게 이야기하는 사람

면접은 필기시험과 마찬가지로 시간이 정해져 있고 그 시간을 효율적으로 활용하여 자신을 내보이는 것이다. 그러나 이러한 사람들은 그것은 생각하지 않고 적당하지 않은 말까지 많이 하여 시간이 부족하다고 하는 사람들이다. 이들은 자신이 한 일을 열거하면서 모든 일에 열의가 있는 사람이라고 생각해주길 바라지만 단순 나열일 뿐 면접관들에게 강한 인상을 남기지 못한다.

(4) 너무 오래된 추억을 이야기하는 사람

면접에서 초등학교의 시절의 이야기를 하는 사람은 어떻게 비춰질까? 그 이야기가 지금까지도 영향을 미치고 있다면 괜찮지만 단순히 일회성으로 그친다면 너무 동떨어진 이야기가 된다. 가능하면 최근의 이야기를 하는 것이 강렬한 인상을 남길 수 있다.

8 자주 나오는 질문과 대처법

(1) 가족 및 대인관계에 관한 질문

당신의 가정은 어떤 가정입니까?

면접관들은 지원자의 가정환경과 성장과정을 알고 싶어하는 것이다. 비록 가정 일과 사회의 일이 완전히 일치하는 것은 아니지만 '가화만사성'이라는 말이 있듯이 가정이 화목해야 사회에서도 화목하게 지낼 수 있기 때문이다. 그러므로 답변 시에는 가족사항을 정확하게 설명하고 집안의 분위기와 특징에 대해 이야기하는 것이 좋다.

아버지의 직업은 무엇입니까?

아주 기본적인 질문으로, 지원자는 아버지와 내가 무슨 관련성이 있냐라고 생각하기 쉬워 포괄적인 답변을 하는 경우가 많다. 그러나 이는 바람직하지 않은 것으로 단답형으로 답변하면 세부적인 직종 및 근무기한 등을 물을 수 있으므로 모든 걸 한 번에 대답하는 것이 좋다.

친구관계에 대해 말해보시오.

지원자의 인간성을 판단하는 질문으로 교우관계를 통해 답변자의 성격을 알 수 있다. 새로운 환경에 적응을 잘하여 새로운 친구들이 많은 것도 좋지만, 깊고 오래 지속되어온 인간관계를 말하는 것이 더욱 바람직하다.

(2) 성격 및 가치관에 관한 질문

당신의 PR포인트를 말해주십시오.

지나치게 겸손한 태도는 좋지 않으며 적극적으로 자기를 주장해야 한다. 앞으로 입사 후 하게 될 업무와 관련된 자기의 특성을 구체적인 일화로 이야기하면 좋다.

당신의 장·단점을 말해 보시오.

지원자의 구체적인 장·단점을 알고자 하기 보다는 지원자가 자기 자신에 대해 얼마나 알고 있으며 어느 정도의 객관적인 분석을 하고 있나, 그리고 개선의 노력 등을 시도하는지를 파악하고자 하는 것이다.

가장 존경하는 사람은 누구입니까?

존경하는 사람을 말하기 위해서는 우선 그 인물에 대해 알아야 한다. 대충 알고서 질문에 응답하는 것을 면접관은 바로 알 수 있으므로 추상적이라도 좋으니, 그 사람의 어떤 점이 좋고, 존경스러운지 대답해야 한다. 또한 자신에게 어떤 영향을 미쳤는지도 언급하면 좋다.

(3) 학교생활에 관한 질문

지금까지의 학교생활 중 가장 기억에 남는 일은?

가급적 직장생활에 도움이 되는 경험을 이야기하는 것이 좋다. 또한 경험만을 간단하게 말하지 말고 그 경험을 통해서 얻을 수 있었던 교훈 등을 예시와 함께 이야기하는 것이 좋으나 너무 상투적인 답변이 되지 않도록 주의한다.

학교 때의 성적은 좋은 편이었습니까?

면접관은 이미 서류심사를 통해 지원자의 성적을 알고 있다. 성적 자체는 중요한 것이 아니다. 이 질문의 핵심은 당신이 성적에 대해서 어떻게 인식하느냐 하는 것이다. 성적이 나빴던 이유에 대해서 변명하려 하지 말고 담백하게 받아드리고 그것에 대한 개선노력을 했음을 밝히는 것이 적절하다.

학창시절에 시위나 데모에 참여한 적이 있습니까?

기업에서는 노사분규를 기업의 사활이 걸린 중대한 문제로 인식하고 거시적인 차원에서 접근한다. 이러한 기업문화를 제대로 인식하지 못하여 학창시절의 시위 경험을 자랑스럽게 답변할 경우 감점요인이 되거나 심지어는 탈락할 수 있다는 사실에 주의한다.

(4) 지망동기 및 직업의식에 관한 질문

왜 우리 회사를 지원했습니까?

이 질문은 어느 회사나 가장 먼저 물어보고 싶은 것으로 지원자들은 기업의 이념, 사장의 경영능력, 재무구조, 복리후생 등 외적인 부분을 설명하는 경우가 많다. 이러한 답변도 적절하지만 지망회사의 주력 상품에 관한 소비자의 인지도, 경쟁사 제품과의 시장점유율을 비교하면서 입사동기를 설명한다면 상당히 주목받을 것이다.

만약 이 회사에 불합격하면 어떻게 하겠습니까?

> 불합격할 것을 가정하고 회사에 응시하는 사람은 거의 없다. 이는 지원자를 궁지로 몰아 넣고 그 대응을 살펴 입사희망 정도를 알아보려고 하는 것이다. 이 질문은 깊이 들어가지 말고 침착하게 답변하여야 한다.

당신이 생각하는 바람직한 사원상은?

> 직장인으로서 또는 조직의 일원으로서의 자세를 묻는 질문으로 지원하는 회사에서 어떤 인재상을 요구하는 가를 알아두는 것이 좋으며 평소에 자신의 생각을 미리 정리해 두는 것이 적절하다

직무상의 적성과 보수의 많음 중 어느 것을 택하겠습니까?

> 이런 질문에서 회사측에서 원하는 답변은 당연히 일에 비중을 둔다는 것이다. 그러나 적성만을 너무 강조하다 보면 오히려 솔직하지 못하다는 인상을 줄 수 있으므로 어느 한 쪽을 너무 강조하거나 경시하는 태도는 바람직하지 못하다.

상사와 의견이 다를 때 어떻게 하겠습니까?

> 과거에는 어떠했을지 모르나 요즘은 상사의 명령에 무조건 따르겠다는 수동적인 자세는 바람직하지 않다. 회사에서는 때에 따라서는 자신이 판단하고 행동할 수 있는 직원을 원하기 때문이다. 그러나 지나치게 자신의 의견만을 고집한다면 이는 팀원 간의 불화를 야기할 수 있으며 팀체제에 악영향을 미칠 수 있으므로 선호하지 않는다는 것에 유념하여야 한다.

이번에 뽑는 사원은 근무지가 지방인데 근무가 가능합니까?

> 근무지가 지방 중에서도 특정 지역은 되고 다른 지역은 안 된다는 답변은 바람직하지 않다. 직장에서는 순환 근무라는 것이 있으므로 처음에 지방에서 근무를 시작했다고 해서 계속 지방에만 있는 것은 아님을 유의하고 답변해야 한다.

02 면접기출

CHAPTER

❄ 티웨이항공 운항승무 면접기출

(1) 1차 면접

티웨이항공 운항승무직 1차 면접은 3~4명의 면접관과 5~6명의 지원자가 대면하는 多 대 多 형식의 면접으로, 약 30분 정도 진행된다. 지원자 전원에게 주어지는 공통질문과 개인질문이 이루어진다.
- 자기소개
- 당신이 세월호 함장이었다면 어떻게 대처했을 것인가?
- 전공이 조종과는 전혀 다른데 조종사를 직업으로 선택하게 된 계기는?
- 대기업을 그만두고 조종사를 선택한 이유는?
- 영어 공인 성적이 없는데 준비하지 못한 이유가 있는가?
- Airplane과 Aircraft의 차이점은?

(2) 2차 면접

티웨이항공 운항승무직 2차 면접은 3~4명의 면접관과 4~5명의 지원자가 대면하는 多 대 多 형식의 면접으로, 약 50~60분간 진행된다. 2차 면접은 임원진 면접으로 사장, 운항본부장, 인사부장 등이 참석한다. 1차 면접과 중복되는 기본적인 질문과 함께 운항 중 겪을 수 있는 상황에 대한 질문을 하기도 한다.
- 자기소개
- 다른 항공사에도 지원을 했는가?
- 당사를 선택한 특별한 이유가 있는가?
- 조종사를 직업으로 선택한 이유는?
- 학교를 자퇴하고 검정고시를 본 이유는?
- 비행 중 돔레이더가 파손되었고 원인은 모른 채 도착지에서 확인하였다면, 이후 어떻게 대처할 것인가?
- 당사에 대해 궁금한 것이 있다면?
- 당사의 성장가능성에 대해 어떻게 생각하는가?